AZ TENGERI ÉLELMISZEREK SZAKASZKÖNYVE

FINOM HOMÁR, RÁKÉR, FÉSŰKAGYLÓ
ÉS LAZAC RECEPTEK

Barna Soós

Minden jog fenntartva.

Jogi nyilatkozat

Az ebben az e-könyvben található információk célja, hogy átfogó stratégiák gyűjteményeként szolgáljanak, amelyekről az e-könyv szerzője kutatásokat végzett. Az összefoglalók, stratégiák, tippek és trükkök csak a szerző ajánlásai, és ennek az e-könyvnek az olvasása nem garantálja, hogy az eredmények pontosan tükrözik a szerző eredményeit. Az e-könyv szerzője minden ésszerű erőfeszítést megtett annak érdekében, hogy aktuális és pontos információkat nyújtson az e-könyv olvasói számára. A szerző és munkatársai nem vállalnak felelősséget az esetlegesen feltárt nem szándékos hibákért vagy hiányosságokért. Az e-könyvben található anyagok tartalmazhatnak harmadik féltől származó információkat. A harmadik felek anyagai tulajdonosaik véleményét tartalmazzák. Mint ilyen, az e-könyv szerzője nem vállal felelősséget harmadik felek anyagaiért vagy véleményéért.

Az e-könyv szerzői joga © 2022, minden jog fenntartva. Tilos ennek az e-könyvnek egészben vagy részben történő újraterjesztése, másolása vagy származékos munka létrehozása. A jelentés egyetlen része sem reprodukálható vagy továbbítható semmilyen formában, bármilyen formában a szerző kifejezett és aláírt engedélye nélkül.

TARTALOMJEGYZÉK

TARTALOMJEGYZÉK 4
BEVEZETÉS 8
HOMÁR 9
   1. Homár Thermidor Newburg szósszal 10
   2. Maine homár tekercs 13
   3. Töltött homár Thermidor 16
   4. Homár vaníliával 19
GARNÉLARÁK 21
   5. Fűszeres grillezett garnélarák 22
   6. Grillezett fűszernövényes garnélarák 25
   7. Garnélarák és brochette 28
   8. Garnélarák csomagok 30
   9. Bazsalikom garnélarák 32
   10. Grillezett baconba csomagolt garnélarák 34
   11. Grillezett garnélarák 36
   12. Alabama garnélarák sütése 38
   13. Majdnem garnélarák Paesano 41
   14. Bab és garnéla rizottó 43
   15. Sör-sült garnélarák 46
   16. Főtt öböl garnélarák 48
   17. Rémoulade szósz 50
   18. Kaliforniai Scampi 52
   19. Pezsgős garnélarák és tészta 54
   20. Kókuszos garnélarák Jalapeño Jellyvel 57
   21. Kókuszos Tempura garnélarák 59
   22. Szögfű garnélával és oregánóval 62
   23. Krémes pesto garnélarák 65

24. Delta garnélarák..67
25. Tejszínes garnélarák..70
26. Padlizsán kenuk..72
27. Fokhagymás garnélarák...75
28. Grillezett marinált garnélarák..78
29. Texasi garnélarák..81
30. Hawaii garnéla nyárs..83
31. Mézes-kakukkfűben grillezett garnélarák............................85
32. Sült fokhagymás pác..88
33. Forró és fűszeres garnélarák...90
34. Olasz sült garnélarák..93
35. Rántott garnélarák édes jamaicai rizzsel.............................95
36. Citrom-fokhagymás sült garnélarák....................................98
37. Lime Pepper garnélarák..100
38. Louisiana Shrimp Esplanade...102
39. Malibu Stir Fry garnélarák..104
40. Sült garnélarák..106
41. Igazán menő garnélarák saláta...108
42. M-80 sziklarák..110
43. Pirítós a városról..114
44. Garnélarák a la Plancha sáfrányos allioli pirítóssal............117
45. Garnélarák curry mustárral...121
46. Garnélarák Curry...123
47. Garnélarák fokhagyma szószban......................................126
48. Garnélarák mustárkrémmártásban...................................129
49. Gazpacho..131
50. Garnélarák Linguine Alfredo...134
51. Marinara garnélarák...136
52. Garnélarák Newburg..138
53. Fűszeres pácolt garnélarák...141
54. Fűszeres szingapúri garnélarák..144
55. Csillagfényű garnélarák..147

POLIP..**149**

56. Polip vörösborban 150
57. Pácolt polip 153
58. Borban főtt Polip 156
59. Szicíliai grillezett bébipolip 158

FÉSŰKAGYLÓ 162

60. Seafood Pot Pie 163
61. Sült kagyló fokhagymás szósszal 167
62. Provanszi kagyló 169
63. Fésűkagyló fehér vaj szósszal 171

FOLTOS TŐKEHAL 174

64. Foltos tőkehal gyógynövényes vajjal 175
65. Cajun fűszerezett foltos tőkehal 179
66. Foltos tőkehal, póréhagyma és burgonyalé 181
67. Füstölt foltos tőkehal és paradicsomos chutney 183

LAZAC 186

68. Varázslatos sült lazac 187
69. Lazac gránátalmával és quinoával 190
70. Sült lazac és édesburgonya 193
71. Sült lazac feketebab szósszal 197
72. Paprikás grillezett lazac spenóttal 200
73. Lazac Teriyaki zöldségekkel 203
74. Ázsiai stílusú lazac tésztával 207
75. Buggyantott lazac paradicsomos fokhagymalevesben 210
76. Buggyantott lazac 214
77. Buggyantott lazac zöldfűszeres salsával 216
78. Hideg buggyantott lazac saláta 219
79. Buggyantott lazac ragacsos rizzsel 223
80. Citrusos lazac filé 227
81. Lazac lasagne 230
82. Teriyaki lazac filé 235
83. Ropogós bőrű lazac kapribogyóval 238

84. Lazacfilé kaviárral..241
85. Szardella grillezett lazac steak..245
86. BBQ füstben grillezett lazac..248
87. Faszénben grillezett lazac és fekete bab..............................251
88. Petárdában grillezett alaszkai lazac...................................255
89. Flash grillezett lazac...258
90. Grillezett lazac és tintahal tinta tészta..............................261
91. Lazac grillezett hagymával...264
92. Cédrus deszka lazac...268
93. Füstölt fokhagymás lazac...271
94. Grillezett lazac friss őszibarackkal....................................273
95. Füstölt lazac és krémsajt pirítósra....................................277
96. Gyömbéres grillezett lazacsaláta..280
97. Grillezett lazac édeskömény salátával................................284
98. Grillezett lazac burgonyával és vízitormával......................287

KARDHAL...291

99. Mandarin szezámmagos kardhal...292
100. Fűszeres kardhal steakek..295

KÖVETKEZTETÉS..297

BEVEZETÉS

Kevés dolog van az életben, ami olyan finom és isteni ízű a nyelveden, mint egy frissen főzött vagy szakszerűen elkészített homár, garnélarák vagy tányér tonhal. Ha még soha nem ismerte a rák vagy a tenger gyümölcsei szájban olvadó ízét, ez a könyv neked szól!

Nagyon sok ízletes módja van annak, hogy a tenger gyümölcseit beépítse az ételkészítésbe. Ez egy egészséges és ízletes módja a sovány, laktató fehérjefogyasztásnak, és a mediterrán étrend gerince.

Az alábbi receptek közé tartozik a lazac, a garnélarák, a kagyló, a polip és a foltos tőkehal. Mindegyik recept viszonylag könnyen elkészíthető, és tele van hihetetlen ízekkel. Mindenkinek talál valami finomságot, a garnélarákban sült rizstől a pesto lazacon át a tökéletesen sült tengeri herkentyűkig

HOMÁR

1. Homár Thermidor Newburg szósszal

Hozzávalók
Szósz
- 3 evőkanál vaj
- 1 csésze kagylólé
- 1/4-1/2 csésze tej
- 1/2 teáskanál paprika
- Csipet só
- 3 evőkanál sherry
- 2 evőkanál univerzális liszt
- 4 evőkanál világos tejszín

Homár
- 5 uncia homárhús, 1 hüvelykes darabokra vágva
- 1 evőkanál finomra vágott pimentó
- 1/2 csésze vastagra szeletelt gomba
- 1 evőkanál apróra vágott metélőhagyma
- Vaj a pirításhoz
- 1 evőkanál sherry

Newburg szósz
- 1/2-1 csésze reszelt Cheddar sajt
- Melegítse elő a sütőt 350 F fokra.

Útvonalak
a) A vajat közepes lángon olvasszuk fel. Amikor teljesen felolvadt, adjuk hozzá a paprikát, és keverjük 2 percig. Adjuk hozzá a lisztet a vajhoz, és keverjük 2-3 percig a roux főzéséhez. Folyamatosan keverjük, nehogy megégjen. Adjuk hozzá a kagyló levét, és addig keverjük, amíg be nem sűrűsödik. Adjunk hozzá

1/4 csésze tejet, könnyű tejszínt és sherryt. Pároljuk 5 percig, és ha szükséges, adjunk hozzá maradék 1/4 csésze tejet.

b) Közepes lángon felolvasztunk annyi vajat, hogy enyhén ellepje egy nehéz, nagy serpenyő alját. Helyezze a homárt, a metélőhagymát, a pimentót és a gombát a serpenyőbe, és keverje 3-4 percig. Növeljük a hőt magasra, és adjuk hozzá a sherryt, hogy a serpenyőt kipároljuk. Legyen óvatos, mert a sherry fellángolhat, amikor az alkohol leég.

c) Keverjünk hozzá 4 uncia Newburg-szószt, és keverjük 1 percig. Egy adag tepsibe öntjük, és megszórjuk sajttal. Süssük körülbelül 5 percig, vagy amíg a sajt megolvad és habos lesz.

2. Maine homár tekercs

Hozzávalók
- Négy 1-1 1/4 kilós homár
- 1/4 csésze plusz 2 evőkanál majonéz
- Só és frissen őrölt bors
- 1/4 csésze finomra vágott zeller
- 2 evőkanál friss citromlé
- Csipet cayenne bors
- 4 felső hasított hot dog zsemle
- 2 evőkanál sótlan vaj, olvasztott
- 1/2 csésze reszelt bostoni saláta

Útvonalak
a) Készítsen elő egy nagy jeges-vizes fürdőt. Egy nagyon nagy fazék forrásban lévő sós vízben főzzük a homárokat élénkpirosra, körülbelül 10 percig. Fogó segítségével merítse a homárokat 2 percre a jeges vízfürdőbe, majd csepegtesse le.
b) Csavarja le a homár farkát és karmát, és távolítsa el a húst. Távolítsa el és dobja ki a bélvénát, amely az egyes homárfarok hosszában fut. Vágja fel a homárhúst 1/2 hüvelykes darabokra, szárítsa meg, majd tegye át egy tál fölé állított szűrőbe, és hűtse le nagyon hidegre, legalább 1 órára.
c) Egy nagy tálban keverjük össze a homárhúst a majonézzel, és ízesítsük sóval, borssal. Hajtsa bele a kockára vágott zellert, a citromlevet és a cayenne borsot, amíg jól el nem keveredik.

d) Melegíts fel egy nagy serpenyőt. Kenjük meg a hot dog zsemle oldalát olvasztott vajjal, és mérsékelt lángon pirítsuk mindkét oldalukat aranybarnára. Tegye tányérokra a hot dog zsemlét, töltse meg a felaprított salátával és a homársalátával, és azonnal tálalja.

3. Töltött homár Thermidor

Hozzávalók

- 6 (1 font) fagyasztott homárfark
- 10 evőkanál vaj, olvasztott
- 1 csésze szeletelt friss gomba
- 4 evőkanál liszt
- 1 teáskanál száraz mustár
- 2 csipetnyi őrölt szerecsendió
- 2 csipet cayenne bors
- 1 teáskanál só
- 1 csésze tej
- 1 csésze fele-fele
- 2 tojássárgája, kissé felvert
- 1 teáskanál citromlé
- 2 evőkanál sherry bor
- 1/2 csésze finom zsemlemorzsa
- 2 evőkanál reszelt parmezán sajt

Útvonalak

a) Melegítse elő a sütőt 450 F fokra.
b) Helyezze a homár farkát egy nagy fazék forrásban lévő vízbe, és fedje le. Főzzük puhára, körülbelül 20 percig; csatorna.
c) Mindegyik farkát hosszában kettévágjuk, és a homárhúst felkockázzuk. Tedd félre az üres homárfarkat.
d) Öntsön 1/4 csésze vajat egy serpenyőbe; hozzáadjuk a gombát és enyhén pirítjuk. Belekeverjük a lisztet és belekeverjük a fűszereket. Fokozatosan adjuk hozzá a tejet és a felét a keverékhez, folyamatosan keverjük

sűrűre. Adjunk hozzá kis mennyiségű forró keveréket a tojássárgájához, folyamatos keverés közben; majd a tojássárgája keveréket visszaöntjük a tejszínes szószba, ismét folyamatosan keverjük, és addig főzzük, amíg besűrűsödik. Keverje hozzá a citromlevet, a sherryt és a homárhúst; kanál homárhéjakba. Keverje össze a zsemlemorzsát, a parmezán sajtot és a maradék vajat; megszórjuk töltött homárfarkokkal. Helyezze a sütilapra, és süsse 400 F-on 15 percig.

6-ot szolgál ki.

4. Homár vaníliával

Hozzávalók
- Élő 1 1/2 font homár személyenként
- 1 hagyma
- 1 gerezd fokhagyma
- Paradicsom, meghámozva és apróra vágva
- Egy kis bor vagy halalaplé
- Vaj
- Sherry
- Vaníliakivonat
- Cayenne-i bors

Útvonalak
a) Vágja félbe a homárt. Törje meg a karmokat, és vágja át a farkat az ízületeken. Egy kemény serpenyőben felolvasztunk egy gombóc vajat, finoman megpirítjuk benne a hagymát és a fokhagymát. Adjuk hozzá a homárdarabokat, és főzzük, amíg megpirulnak, mielőtt meleg helyre tesszük.
b) Most emelje fel a hőt, és adja hozzá a többi hozzávalót, kivéve a vaníliát, a vajat és a cayenne-t. Csökkentse a paradicsomot, amíg pépes nem lesz, majd vegye le a hőt, és adja hozzá a vajat, és keverje össze, hogy a szósz ne váljon szét.
c) Végül adjunk hozzá fél teáskanál vaníliát és egy shake cayenne-t. Öntsük a szószt a homárra, és rizzsel tálaljuk.

GARNÉLARÁK

5. Fűszeres grillezett garnélarák

6-ot szolgál ki

Hozzávalók

- 1/3 csésze olívaolaj
- 1/4 csésze szezámolaj
- 1/4 csésze friss petrezselyem apróra vágva
- 3 evőkanál fűszeres Chipotle BBQ szósz
- 1 evőkanál darált fokhagyma
- 1 evőkanál ázsiai chilei szósz 1 teáskanál só
- 1 teáskanál fekete bors
- 3 evőkanál citromlé
- 2 font. nagy garnélarák, hámozott és erek nélkül
- 12 db vízbe áztatott fa nyárs
- Dörzsölés

Útvonalak

a) Keverje össze az olívaolajat, a szezámolajat, a petrezselymet, a fűszeres Chipotle BBQ szószt, a darált fokhagymát, a chilei szószt, a sót, a borsot és a citromlevet egy keverőtálban. Ennek a pácnak körülbelül 1/3-át tegyük félre grillezés közben.

b) Helyezze a garnélarákot egy nagy, visszazárható műanyag zacskóba. Öntsük rá a maradék pácot, és zárjuk le a zacskót. 2 órára hűtőbe tesszük. Melegítse elő a Good-One® Grillt a magas hő eléréséhez. Fűzze a garnélarákot nyársra, szúrja át egyszer a farok, egyszer a fej közelében. Dobja el a pácot.

c) Enyhén olajozott grillrács. Süssük a garnélarákot oldalanként 2 percig, amíg átlátszatlan nem lesz, és gyakran locsoljuk meg páclével

6. Grillezett fűszernövényes garnélarák

4-et szolgál ki

Hozzávalók

- 2 font. hámozott és őrölt jumbo garnélarák $\frac{3}{4}$ csésze olívaolaj
- 2 evőkanál frissen facsart citromlé 2 csésze apróra vágott friss bazsalikom
- 2 gerezd fokhagyma, összetörve
- 1 evőkanál apróra vágott petrezselyem 1 teáskanál só
- $\frac{1}{2}$ teáskanál oregánó
- $\frac{1}{2}$ teáskanál frissen őrölt fekete bors

Útvonalak

a) Tegye a garnélarákot egy rétegben egy sekély üveg- vagy kerámia edénybe.
b) Aprítógépben keverjük össze az olívaolajat a citromlével.
c) Fedjük le és tegyük hűtőbe 2 órára. Pácolás közben 4-5 alkalommal keverje meg a garnélarákot.
d) Készítse elő a grillt.
e) Enyhén olajozza ki a grillrácsot.

f) Helyezze a garnélarákot az olajozott rácsra (szükség esetén nyársra is lehet) a forró parazsat fölé, és mindkét oldalát 3-5 percig grillezi, amíg kissé megpirul és átsül. Ne főzzük túl.
g) Azonnal tálaljuk.

7. Garnélarák és brochette

4 adag (előétel adagok)

Hozzávalók

- ½ evőkanál forró szósz
- 1 evőkanál dijoni mustár 3 evőkanál sör
- ½ font nagy garnélarák, meghámozva és kifejezve
- 3 szelet bacon, hosszában 12 csíkra vágva
- 2 evőkanál világos barna cukor

Útvonalak

a) Keverje össze a forró mártást, a mustárt és a sört egy keverőtálban.
b) Adjuk hozzá a garnélarákot, és keverjük össze, hogy egyenletesen bevonják. Hűtőbe tesszük legalább 2 órára. Lecsepegtetjük, és lefőzzük a pácot. Tekerje be minden garnélarákot egy szalonnacsíkkal.
c) Fűzzünk 3 garnélarákot 4 dupla nyársra. Tedd a brochettet egy sekély tálba, és öntsd hozzá a fenntartott pácot. A garnélarákot megszórjuk a cukorral. Hűtőbe tesszük legalább 1 órára
d) Készítse elő a Good-One Grillt. Helyezze a brosettet a grillre, öntse rá a pácot, és zárja le a fedelet. Főzzük 4 percig, majd fordítsuk meg, zárjuk le a fedőt, és főzzük 4 percig.
e) Azonnal tálaljuk

8. Garnélarák csomagok

Hozzávalók

- 4 font Nagy garnélarák
- 1 csésze vaj vagy margarin
- 1 nagy gerezd fokhagyma, darált
- 1/2 teáskanál fekete bors
- 1 teáskanál só
- 1 csésze petrezselyem, darált

Útvonalak

a) Hámozza meg és tisztítsa meg a garnélarákot
b) Krémvaj; a többi hozzávalót hozzáadjuk a vajhoz és jól összekeverjük. Vágjon 6 (9 hüvelykes) csíkot nagy teherbírású alumíniumfóliából. Ezután minden csíkot kettévágunk. Osszuk el egyenlően a garnélarákot minden fóliadarabon. Mindegyik tetejére kenjük a vajkeverék 1/12-ét, a garnélarák köré fóliát hozunk; szorosan csavarja a lezáráshoz. Helyezzen garnélarák csomagokat parázsra. 5 percig főzzük.

12 csomagot tesz ki

9. Bazsalikom garnélarák

Hozzávalók

- 2 1/2 evőkanál olívaolaj
- 1/4 csésze vaj, olvasztott
- 1/2 citrom, levében
- evőkanál durva szemű elkészített mustár
- uncia darált friss bazsalikom
- gerezd fokhagyma, darált
- só ízlés szerint
- 1 csipet fehér bors
- 3 kiló friss garnélarák, meghámozva és kivágva

Útvonalak

a) Egy sekély, nem porózus edényben vagy tálban keverje össze az olívaolajat és az olvasztott vajat. Ezután keverjük hozzá a citromlevet, a mustárt, a bazsalikomot és a fokhagymát, és ízesítsük sóval és fehér borssal. Adjunk hozzá garnélarákot, és dobjuk a bevonatba. Fedjük le, és tegyük hűtőbe vagy hűtőbe 1 órára. Melegítse elő a grillt magas hőfokra.

b) Vegyük ki a garnélarákot a pácból, és fűzzünk rá nyársra. Enyhén megolajozzuk, és grillre helyezzük a nyársakat. 4 percig főzzük, egyszer megforgatva, amíg kész.

10. Grillezett baconba csomagolt garnélarák

Hozzávalók

- 1 font nagy garnélarák
- bacon szeletek, 1/2 felé vágva
- paprika jack sajt

Útvonalak

a) Mossa meg, pucolja meg és fejtse ki a garnélarákot. Vágja fel mindegyik garnélarák hátát. Helyezzen egy kis szelet sajtot a résbe, és tekerje be egy darab baconnel. Használjon fogpiszkálót az összefogáshoz.

b) A grillen addig sütjük, amíg a szalonna kissé ropogós nem lesz. Ez finom és könnyű!

11. Grillezett garnélarák

Hozzávalók

- 1 font közepes méretű garnélarák
- 3-4 evőkanál olívaolaj
- 2 evőkanál "Old Bay fűszerezés"

Útvonalak

a) A garnélarákot meghámozzuk, és a farkukon hagyjuk. Tegye az összes hozzávalót egy cipzáras zacskóba, és jól rázza fel. Ez 5 percig vagy több órán keresztül pácolhat.

b) Helyezze a garnélarákot egy "grillserpenyőre" (lyukakkal, hogy a garnélarák ne essen a grill rácsok közé), és grillezze közepesen magasan néhány percig. Nagyon fűszeres

2-t szolgál ki

12. Alabama garnélarák sütése

Hozzávalók

- 1 csésze vaj vagy margarin, olvasztott
- 3/4 csésze citromlé
- 3/4 csésze Worcestershire szósz
- 1 evőkanál só
- 1 evőkanál durvára őrölt bors
- 1 teáskanál szárított rozmaring
- 1/8 teáskanál őrölt pirospaprika
- 1 evőkanál forró szósz
- 3 gerezd fokhagyma, felaprítva
- 2 1/2 font hámozatlan nagy vagy jumbo garnélarák
- 2 citrom, vékonyra szeletelve
- 1 közepes vöröshagyma, vékonyra szeletelve
- Friss rozmaring gallyak

Útvonalak

a) Keverje össze az első 9 összetevőt egy kis tálban; félretesz, mellőz.

b) Öblítse le a garnélarákot hideg vízzel; jól lecsepegtetjük. Rétegezz garnélarákot, citromszeleteket és hagymaszeleteket egy zsír nélküli, 13 x 9 x 2 hüvelykes tepsibe. Öntsük a vajas keveréket a garnélarákra. Süssük fedő nélkül, 400 F-on 20-25 percig, vagy amíg a garnélarák rózsaszínűvé nem válik, időnként meglocsolva serpenyővel. Díszítsük friss rozmaringgal.

13. Majdnem garnélarák Paesano

Hozzávalók

- Garnélarák
- 1 tojás
- 1 csésze tej
- Só és bors ízlés szerint
- 1 kiló extra-nagy garnélarák, hámozott és kivágott, farkát hagyva
- 1/2 csésze univerzális liszt
- Növényi olaj

Útvonalak

a) Egy sekély tálban keverje össze a tojást, a tejet, a sót és a borsot. Mártsuk a garnélarákot a keverékbe, majd mártsuk enyhén lisztbe.

b) Egy serpenyőben forrósítsunk fel olajat, majd adjunk hozzá egyszerre 4-6 garnélarákot, ügyelve arra, hogy a garnéláráknak legyen elég helye a főzéshez. (Fontos, hogy a garnélarák ne legyenek egymás közelében, és ne érjenek egymáshoz.) Az egyik oldalukon barnára sütjük, majd megfordítjuk és a másikon is megpirítjuk. Süsd készre, vagy tedd egy tepsire előmelegített 350 fokos sütőbe a főzés befejezéséhez. Közben elkészítjük a szószt.

14. Bab és garnéla rizottó

Hozzávalók

- 1 ½ csésze hagyma, apróra vágva
- 1 lb. hámozott, deveined garnélarák
- 4 gerezd fokhagyma, felaprítva
- 1 csésze csípős borsó
- 1 ek olívaolaj
- 1 doboz vesebab vagy ½ csésze főzve
- 3-4 uncia. gomba, szeletelve
- száraz csomagolású vesebab, öblítve,
- 1 ½ csésze Arborio rizs, lecsepegtetve
- 3 doboz zsírmentes, csökkentett nátriumtartalmú csirkehúsleves
- 1 közepes paradicsom apróra vágva
- csésze parmezán vagy Asiago sajt
- só és bors ízlés szerint

Útvonalak

a) Pároljuk a hagymát, a fokhagymát és a gombát olajon egy nagy serpenyőben puhára, 5-8 percig.
b) Keverjük hozzá a rizst és főzzük 2-3 percig.
c) Melegítsük forrásig a húslevest egy közepes serpenyőben; csökkentse a hőt alacsonyra. Adjunk hozzá 1 csésze húslevest a rizshez, és főzzük folyamatos keverés mellett, amíg a húsleves felszívódik, 1-2 percig. Lassan adjunk

hozzá 2 csésze húslevest, és kevergetve pároljuk, amíg a húsleves felszívódik.
d) Adja hozzá a garnélarákot, a borsót és a maradék húslevest a serpenyőbe. Főzzük gyakran kevergetve, amíg a rizs megpuhul és a folyadék felszívódik, 5-10 percig.
e) Adjunk hozzá babot és paradicsomot; főzzük 2-3 percig tovább. Keverje hozzá a sajtot; ízlés szerint sóval, borssal ízesítjük.

15. Sör-sült garnélarák

Hozzávalók

- 3/4 csésze sör
- 3 evőkanál növényi olaj
- 2 evőkanál vágott petrezselyem
- 4 teáskanál Worcestershire szósz
- 1 gerezd fokhagyma, felaprítva
- 1/2 teáskanál só
- 1/8 teáskanál bors
- 2 kiló nagy garnélarák, héj nélkül

Útvonalak

a) Keverjük össze az olajat, a petrezselymet, a Worcestershire szószt, a fokhagymát, a sót és a borsot. Adjunk hozzá garnélarákot; keverjük meg. Borító; szobahőmérsékleten 1 órát állni hagyjuk.

b) Lecsepegtetjük, lefőzzük a pácot. Helyezze a garnélarákot jól kikent brojlertartóra; 4-5 cm-re a tűzről 4 percig sütjük. Fordulat; megkenjük páccal. Pároljuk még 2-4 percig, vagy amíg világos rózsaszín nem lesz.

6 adagot készít

16. Főtt öböl garnélarák

Hozzávalók

- 1 gallon víz
- 3 uncia rákhús
- 2 citrom, szeletelve
- 6 szem bors
- 2 babérlevél
- 5 font nyers garnélarák héjában

Útvonalak

a) Forraljuk fel a rákforralóval, citrommal, borssal és babérlevéllel fűszerezett vizet. Dobj bele garnélarákot.

b) Amikor a víz ismét felforr, főzzük a jumbo vagy a nagy garnélarákokat 12-13 percig, a közepes garnélarákokat pedig 7-8 percig. Vegyük le a tűzről, és adjunk hozzá 1 liter jeges vizet. Hagyja állni 10 percig. Csatorna.

17. Rémoulade szósz

Hozzávalók

- 1/2 evőkanál kreol mustár vagy több
- 2 evőkanál reszelt hagyma
- 1 pint majonéz
- 1/4 csésze torma vagy több
- 1/2 csésze apróra vágott metélőhagyma
- 1/4 teáskanál só
- 1 evőkanál citromlé
- 1/4 teáskanál bors

Útvonalak

a) Keverje össze az összes összetevőt. Tálaljuk hidegen főtt garnélarák felett garnélarák-rémoulade főételhez, vagy főtt garnélarákhoz mártogatósként. A szósz a legjobb 24 óra elteltével.

b) 2 1/4 csésze szószt készít.

18. Kaliforniai Scampi

Hozzávalók

- 1 kiló vaj, derített
- 1 evőkanál darált fokhagyma
- 1 teáskanál só
- 1 teáskanál bors
- 1 1/2 font nagy garnélarák, hámozott és erezett

Útvonalak

a) Egy nagy serpenyőben felforrósítunk 3 evőkanál tiszta vajat. Hozzáadjuk a fokhagymát és megdinszteljük. Adjuk hozzá a sót, borsot és a garnélarákot, amely lehet pillangós, ha szükséges. Addig pároljuk, amíg a garnélarák meg nem színezi és megpuhul. Adjuk hozzá a maradék vajat és melegítsük át. Helyezze a garnélarákot tányérokra, és kanalazzon rá forró vajat.
b) 4-6 adagot tesz ki
c)

19. Pezsgős garnélarák és tészta

Hozzávalók

- 8 uncia angyalhaj tészta
- 1 evőkanál extra szűz olívaolaj
- 1 csésze szeletelt friss gomba
- 1 font közepes garnélarák, meghámozva és kivágva
- 1-1/2 csésze pezsgő
- 1/4 teáskanál só
- 2 evőkanál darált medvehagyma
- 2 szilvás paradicsom kockára vágva
- 1 csésze nehéz tejszín
- só és bors ízlés szerint
- 3 evőkanál apróra vágott friss petrezselyem
- frissen reszelt parmezán sajt

Útvonalak

a) Forraljunk fel egy nagy fazék enyhén sós vizet. Főzzük a tésztát forrásban lévő vízben 6-8 percig, vagy amíg al dente nem lesz; csatorna. Közben egy nagy serpenyőben közepes-magas lángon olajat hevítünk. A gombát olajon puhára főzzük és puhára keverjük. Vegye ki a gombát a serpenyőből, és tegye félre.

b) Keverjük össze a garnélarákot, a pezsgőt és a sót a serpenyőben, és főzzük nagy lángon. Amikor a folyadék forrni kezd, vegye ki a garnélát a serpenyőből. Adjunk hozzá medvehagymát és paradicsomot a pezsgőhöz; forraljuk, amíg a folyadék 1/2 csészére csökken, körülbelül 8 percig. Keverjünk hozzá 3/4 csésze tejszínt; forraljuk kissé sűrűre, körülbelül 1-2 percig. Adjuk hozzá a garnélarákot és a gombát a szószhoz, és melegítsük át.

c) Ízlés szerint fűszerezzük. Dobd fel a forró, főtt tésztát a maradék 1/4 csésze tejszínnel és petrezselyemmel. Tálaláskor a tésztára kanalazzuk a garnélarákot szósszal, és szórjuk meg a parmezán sajttal.

20. Kókuszos garnélarák Jalapeño Jellyvel

Hozzávalók

- 3 csésze kókuszreszelék
- 12 (16-20 vagy 26-30) garnélarák, hámozott és kifejezett
- 1 csésze liszt
- 2 tojás, felvert
- Növényi olaj

Útvonalak

a) Enyhén pirítsuk meg a kókuszt egy sütilapon 350 fokos sütőben 8-10 percig.
b) Pillangózza meg az egyes garnélarákokat úgy, hogy hosszában kettévágja a közepét, és vágja át az út háromnegyedét. A garnélarákot lisztbe forgatjuk, majd tojásba mártjuk. Nyomjuk bele a kókuszreszeléket a garnélarákba, majd süssük 350 F-os növényi olajban aranybarnára.
c) Jalapeño Jellyvel tálaljuk.

21. Kókuszos Tempura garnélarák

Hozzávalók

- 2/3 csésze liszt
- 1/2 csésze kukoricakeményítő
- 1 nagy tojás, felvert
- 1 csésze friss kókuszreszelék
- 1 csésze jéghideg szódavíz
- Só
- 1 kiló nagy garnélarák, meghámozva, kifejtve és a farokkal
- Kreol fűszerezés
- 1 üveg mangó chutney
- 1 útifű
- 1 evőkanál koriander, apróra vágva

Útvonalak

a) Melegítsük elő a sütőt.
b) Egy közepes méretű keverőtálban keverje össze a lisztet, a kukoricakeményítőt, a tojást, a kókuszt és a szódavizet. Jól keverjük össze, hogy sima tésztát kapjunk. Ízesítsük sóval. Fűszerezzük a garnélarákot kreol fűszerezéssel. A garnélarák farkánál fogva mártsuk bele a tésztát, vonjuk be teljesen és rázzuk le a felesleget. A garnélarákot részletekben sütjük aranybarnára, körülbelül 4-6 perc alatt. Kivesszük és papírtörlőn leszűrjük. Kreol fűszerezéssel ízesítjük.

c) Az útifűféléket meghámozzuk. Az útifűféléket vékonyra, hosszában felszeleteljük. Süssük őket aranybarnára. Kivesszük és papírtörlőn leszűrjük. Kreol fűszerezéssel ízesítjük.
d) Minden tányér közepére halmozzon mangóchutneyt. Fektesse a garnélarákot a chutney köré. Díszítsük sült útifűvel és korianderrel.

22. Szögfű garnélával és oregánóval

Hozzávalók

- 6 szem kukorica
- 1 teáskanál só
- 1/4 teáskanál fehér bors
- 1 evőkanál apróra vágott friss mexikói oregánó ill
- 1 teáskanál szárított mexikói oregánó
- 12 közepes garnélarák
- 24 Popsika rúd

Útvonalak

a) A garnélát meghámozzuk, feldaraboljuk és felkockázzuk. Vágja le a kukoricát, távolítsa el a héjat és a selymet. Mentse el és mossa meg a nagyobb héjakat. Vágja le a kukoricaszemeket a kalászról, kaparjon ki annyi tejet, amennyit csak tud. A szemeket éles pengéjű húsdarálóval őröljük meg. Adjuk hozzá a sót, a fehér borsot, az oregánót és a garnélarákot. Jól összekeverni.

b) Melegítse elő a sütőt 325 F fokra.

c) Cseppentsünk egy evőkanál kukorica keveréket egy tiszta héj közepére. Hajtsa középre a héj bal oldalát, majd a jobb oldalát, majd az alsó végét hajtsa felfelé. Nyomjon egy popsicle rudat 2-3 hüvelyknyire a nyitott végébe, és ujjaival szorítsa meg a héjat a rúd körül.

Száraz héjból tépj le egy vékony szálat, és kösd körbe a szemhéjon. Helyezze a tekercseket, rudakat a levegőbe, nagyon közel egymáshoz, egy üveg tepsibe vagy tepsibe. 30 percig sütjük, amíg a kukorica keverék szilárd és szilárd lesz.
d) A kukoricaszem elfogyasztásához hámozzuk le a kukorica héját, és fogyasszuk forrón a rúdról, akárcsak egy popsicle-t.

23. Krémes pesto garnélarák

Hozzávalók

- 1 font linguine tészta
- 1/2 csésze vaj
- 2 csésze nehéz tejszín
- 1/2 teáskanál őrölt fekete bors
- 1 csésze reszelt parmezán sajt
- 1/3 csésze pesto
- 1 font nagy garnélarák, meghámozva és kivágva

Útvonalak

Forraljunk fel egy nagy fazék enyhén sós vizet. Adjunk hozzá linguine tésztát, és főzzük 8-10 percig, vagy amíg al dente; csatorna. Egy nagy serpenyőben felolvasztjuk

a vajat közepes lángon. Hozzákeverjük a tejszínt, borssal ízesítjük. 6-8 percig főzzük állandó keverés mellett. A parmezán sajtot a tejszínes szószba keverjük, és alaposan keverjük össze. Belekeverjük a pestót, és 3-5 percig főzzük, amíg besűrűsödik. Keverjük hozzá a garnélarákot, és főzzük, amíg rózsaszínűek nem lesznek, körülbelül 5 percig. A forró linguine fölött tálaljuk.

24. Delta garnélarák

Hozzávalók

- 2 liter víz
- 1/2 nagy citrom, szeletelve
- 2 1/2 kiló hámozatlan nagy friss garnélarák
- 1 csésze növényi olaj
- 2 evőkanál forró szósz
- 1 1/2 teáskanál olívaolaj
- 1 1/2 teáskanál darált fokhagyma
- 1 teáskanál darált friss petrezselyem
- 3/4 teáskanál só
- 3/4 teáskanál Old Bay fűszer
- 3/4 teáskanál szárított egész bazsalikom
- 3/4 teáskanál szárított egész oregánó
- 3/4 teáskanál szárított egész kakukkfű
- Leveles saláta

Útvonalak

a) Forraljuk fel a vizet és a citromot; adjunk hozzá garnélarákot és főzzük 3-5 percig. Jól lecsepegtetjük; öblítse le hideg vízzel. Hámozza meg és fejtse ki a garnélarákot, és hagyja érintetlenül a farkukat. Helyezze a garnélarákot egy nagy tálba.

b) Keverje össze az olajat és a következő 9 összetevőt; dróthabverővel keverjük össze.

Ráöntjük a garnélarákra. Dobd fel a garnélarák bevonására.

25. Tejszínes garnélarák

Hozzávalók

- 3 doboz tejszínes garnélarákleves
- 1 1/2 teáskanál curry por
- 3 csésze tejföl
- 1 1/2 font garnélarák, főzve és meghámozva

Útvonalak
a) Keverje össze az összes hozzávalót, és melegítse fel dupla kazán tetején.
b) Rizzsel vagy pogácsahéjban tálaljuk.

26. Padlizsán kenuk

Hozzávalók

- 4 közepes padlizsán
- 1 csésze hagyma, apróra vágva
- 1 csésze zöldhagyma, apróra vágva
- 4 gerezd fokhagyma apróra vágva
- 1 csésze kaliforniai paprika, apróra vágva
- 1/2 csésze zeller, apróra vágva
- 2 babérlevél
- 1 teáskanál kakukkfű
- 4 teáskanál só
- 1 teáskanál fekete bors
- 4 evőkanál szalonnazsír
- 1 1/2 font nyers garnélarák, hámozott
- 1/2 csésze (1 rúd) vaj
- 1 evőkanál Worcestershire szósz
- 1 teáskanál Louisiana csípős szósz
- 1 csésze fűszerezett olasz zsemlemorzsa
- 2 tojás, felvert
- 1/2 csésze petrezselyem, apróra vágva
- 1 kiló darabos rákhús
- 3 evőkanál citromlé
- 8 evőkanál Romano sajt, reszelve
- 1 csésze éles Cheddar sajt, reszelve

Útvonalak

a) A padlizsánokat hosszában kettévágjuk, és sós vízben kb. 10 percig, vagy amíg megpuhul, főzzük. A belsejét kikanalazzuk, és apróra vágjuk. Helyezze a padlizsán héját egy sekély tepsibe. A hagymát, a zöldhagymát, a fokhagymát, a kaliforniai paprikát, a zellert, a babérlevelet, a kakukkfüvet, a sót és a borsot szalonnazsíron 15-20 percig pároljuk. Adjuk hozzá az apróra vágott padlizsánt, és főzzük lefedve körülbelül 30 percig.

b) Egy külön serpenyőben pároljuk a garnélarákokat a vajban, amíg rózsaszínűek nem lesznek, körülbelül 2 percig, majd adjuk hozzá a padlizsános keverékhez. Adja hozzá a Worcestershire szószt, a csípős szószt, a zsemlemorzsát és a tojást a padlizsánkeverékhez. Keverjük hozzá a petrezselymet és a citromlevet. Adjunk hozzá sajtot. Óvatosan beleforgatjuk a rákhúst. Töltsük meg a padlizsán héját keverékkel. Süssük fedő nélkül 350 F-on, amíg forró és barnás nem lesz, körülbelül 30 percig.

8 adagot kapunk

27. Fokhagymás garnélarák

Hozzávalók

- 2 evőkanál olívaolaj
- 4 gerezd fokhagyma, vékonyra szeletelve
- 1 evőkanál törött pirospaprika
- 1 font garnélarák
- só és bors, ízlés szerint

Útvonalak

a) Egy serpenyőben közepes lángon hevítsük fel az olívaolajat. Adjuk hozzá a fokhagymát és a pirospaprikát. Addig pároljuk, amíg a fokhagyma megpirul, gyakran kevergetve, hogy ne égjen meg.

b) Dobd bele a garnélarákot az olajba (vigyázz, hogy az olaj ne fröccsenjen rád). Mindkét oldalát 2 percig sütjük, rózsaszínűre.

c) Adjuk hozzá a sót és a borsot. Főzzük még egy percig, mielőtt levesszük a tűzről. Tálaljuk bagettszeletekkel (tapas módra) vagy tésztával.

d) Ha tésztával dobjuk fel: Kezdjük egy nagy serpenyőben. A garnélarákot az utasítás szerint főzzük meg, miközben a tésztát külön edényben készítjük (valószínűleg a garnélarák előtt kezdjük a tésztát, mivel a garnéla csak 5-7 percet vesz igénybe). A tészta

lecsepegtetése közben tartalékoljon a tésztavíz egy részét.
e) Amikor elkészült a garnélarák, öntsük a kifőtt tésztát a serpenyőbe a garnélával, és jól keverjük össze, a tésztát vonjuk be fokhagymával és pirospaprikával meglocsolt olajjal. Adjon hozzá fenntartott tésztavizet, ha szükséges, evőkanál lépésekben.
f) A tetejére vágott petrezselyemmel.

28. Grillezett marinált garnélarák

Hozzávalók

- 1 csésze olívaolaj
- 1/4 csésze apróra vágott friss petrezselyem
- 1 citrom levében
- 2 evőkanál csípős paprika szósz
- 3 gerezd fokhagyma, felaprítva
- 1 evőkanál paradicsompüré
- 2 teáskanál szárított oregánó
- 1 teáskanál só
- 1 teáskanál őrölt fekete bors
- 2 kiló nagy garnélarák, meghámozva és farokkal együtt
- Nyársak

Útvonalak

a) Egy keverőtálban keverje össze az olívaolajat, a petrezselymet, a citromlevet, a csípős szószt, a fokhagymát, a paradicsompürét, az oregánót, a sót és a fekete borsot. Tartson fenn egy kis mennyiséget későbbi rántásra. Öntse a maradék pácot egy nagy, visszazárható műanyag zacskóba garnélával. Lezárjuk, és a hűtőben 2 órára pácoljuk.

b) Melegítse elő a grillt közepes-alacsony hőfokra. Fűzze a garnélarákot nyársra, szúrja át egyszer a farok, egyszer a fej közelében. Dobja el a pácot.

c) Enyhén olajozott grillrács. Süssük a garnélarákot oldalanként 5 percig, vagy amíg átlátszatlan nem lesz, gyakran meglocsoljuk páclével.

29. Texasi garnélarák

Hozzávalók

- 1/4 csésze növényi olaj
- 1/4 csésze tequila
- 1/4 csésze vörösbor ecet
- 2 evőkanál mexikói limelé
- 1 evőkanál őrölt piros chili
- 1/2 teáskanál só
- 2 gerezd fokhagyma, finomra vágva
- 1 piros kaliforniai paprika, apróra vágva
- 24 db nagy nyers garnélarák, hámozott és erezett

Útvonalak

a) Sekély üveg- vagy műanyag edényben keverje össze az összes hozzávalót, kivéve a garnélarákot. Keverje hozzá a garnélarákot. Lefedve 1 órára hűtőbe tesszük.

b) Távolítsa el a garnélarákot a pácból, tartsa le a pácot. Fűzz 4 garnélarákot mind a hat (8 hüvelykes) fém nyársra. Grill közepes parázson, egyszer megforgatva, amíg rózsaszínű nem lesz, mindkét oldalon 2-3 percig.

c) Melegítsük fel forrásig a pácot egy nem reagáló serpenyőben. Csökkentse a hőt alacsonyra. Fedő nélkül pároljuk, amíg a paprika megpuhul, körülbelül 5 percig. Tálaljuk garnélarákkal.

30. Hawaii garnéla nyárs

Hozzávalók

- 1/2 font garnélarák, hámozott, hámozott és nyersen 1/2 font öböl vagy tengeri kagyló 1 doboz ananászdarabok lében
- 1 zöld kaliforniai paprika, szeletekre vágva
- szalonna szeleteket

Szósz:

- 6 uncia barbecue szósz
- 16 uncia salsa
- 2 evőkanál ananászlé
- 2 evőkanál fehérbor

Útvonalak

a) Keverje össze a szósz hozzávalóit, amíg egyenletesen el nem keveredik. Az ananászdarabokat, a garnélarákot, a tengeri herkentyűket, a kaliforniai paprikaszeleteket és a szalonnaszeleteket összehajtva nyársra vágjuk.

b) A nyársat mindkét oldalán egyenletesen megkenjük, és megsütjük. Addig főzzük, amíg a garnélarák rózsaszínű nem lesz. Rizzsel tálaljuk.

31. Mézes-kakukkfűben grillezett garnélarák

Hozzávalók

- Sült fokhagymás pác
- 2 kiló friss vagy fagyasztott főzés nélküli nagy garnélarák héjában
- 1 közepes piros kaliforniai paprika, 1 hüvelykes négyzetekre vágva és blansírozva
- 1 közepes sárga kaliforniai paprika, 1 hüvelykes négyzetekre vágva és kifehérítve
- 1 közepes vöröshagyma, negyedekre vágva és kockákra vágva

Útvonalak

a) Készítsünk pirított fokhagymás pácot
b) Hámozza meg a garnélarákot. (Ha a garnélarák megfagyott, ne olvasszuk fel; hideg vízben hámozzuk meg.) Hosszában sekélyen vágjunk le minden garnélarák hátulján; mossa ki az eret.
c) Öntsön 1/2 csésze pácot egy kis, visszazárható műanyag zacskóba; zárjuk le a zacskót és tálalásig tegyük hűtőbe. Öntse a maradék pácot egy nagy, visszazárható műanyag zacskóba. Adjuk hozzá a garnélarákot, a kaliforniai paprikát és a hagymát, majd forgassuk be a pácba. Zárja le a zacskót, és tegye hűtőszekrénybe legalább 2 órára, de legfeljebb 24 órára.
d) Kenje meg a grillrácsot növényi olajjal. Melegítsen szenet vagy gázgrillt a közvetlen hő

érdekében. Távolítsa el a garnélarákot és a zöldségeket a pácból; jól lecsepegtetjük. Dobja el a pácot. Fűzze fel felváltva a garnélarákot és a zöldségeket mind a hat 15 hüvelykes fémnyársra, hagyjon helyet mindegyik között.

e) Grill kabobokat fedetlenül 4-6 hüvelykig FORRÓ hőtől 7-10 percig, egyszer megforgatva, amíg a garnélarák rózsaszínű és szilárd nem lesz. Helyezze a kabobokat a tálalótálcára. Vágjon egy apró sarkot egy kis műanyag zacskóból a fenntartott pácból ollóval. Csepegtessünk pácot a garnélarákra és a zöldségekre.

Kitermelés: 6 adag.

32. Sült fokhagymás pác

Hozzávalók
- 1 közepes hagymás fokhagyma
- 1/3 csésze olíva- vagy növényi olaj
- 2/3 csésze narancslé
- 1/4 csésze fűszeres mézes mustár
- 3 evőkanál méz
- 3/4 teáskanál szárított kakukkfű levél, összetörve

Útvonalak
a) Melegítse elő a sütőt 375 F fokra.
b) Vágja le a hámozatlan fokhagymahagyma tetejének egyharmadát, szabaddá téve a gerezdeket. Helyezze a fokhagymát egy kis tepsibe; meglocsoljuk olajjal.
c) Fedjük le szorosan és süssük 45 percig; menő. Vágja ki a fokhagyma pépet a papírszerű bőrből. Tegye a fokhagymát és a többi hozzávalót turmixgépbe.
d) Fedjük le, és nagy sebességgel turmixoljuk simára. Körülbelül 1 1/2 csészét tesz ki.

33. Forró és fűszeres garnélarák

Hozzávalók
- 1 font vaj
- 1/4 csésze mogyoróolaj
- 3 gerezd fokhagyma apróra vágva
- 2 evőkanál rozmaring
- 1 teáskanál apróra vágott bazsalikom
- 1 teáskanál apróra vágott kakukkfű
- 1 teáskanál apróra vágott oregánó
- 1 kis csípős paprika apróra vágva, ill
- 2 evőkanál őrölt cayenne bors
- 2 teáskanál frissen őrölt fekete bors
- 2 babérlevél, morzsolva
- 1 evőkanál paprika
- 2 teáskanál citromlé
- 2 kiló nyers garnélarák héjában
- Só

Útvonalak
a) A garnélarák mérete fontonként 30–35 lehet.
b) Egy lángálló tepsiben olvasszuk fel a vajat és az olajat. Adjuk hozzá a fokhagymát, a fűszernövényeket, a paprikát, a babérlevelet, a paprikát és a citromlevet, és forraljuk fel. Vegyük le a hőt, és főzzük 10 percig, gyakran kevergetve. Vegyük le az edényt a tűzről, és hagyjuk, hogy az ízek összeérjenek legalább 30 percig.
c) Ez a forró vajas szósz egy nappal korábban elkészíthető, és hűtőszekrényben tárolható.

Melegítsük elő a sütőt 450 F fokra. Melegítsük fel a szószt, adjuk hozzá a garnélarákot, és közepes lángon főzzük addig, amíg a garnélarák rózsaszínűvé nem válik, majd süssük a sütőben még körülbelül 30 percig. Kóstoljuk meg a fűszerezést, ha szükséges sózzuk.

d) A garnélarák elfogyasztása után itassa fel a vajszószt ropogós kenyérrel.

34. Olasz sült garnélarák

Hozzávalók
- 2 kiló jumbo garnélarák
- 1/4 csésze olívaolaj
- 2 evőkanál fokhagyma, darált
- 1/4 csésze liszt
- 1/4 csésze vaj, olvasztott
- 4 evőkanál petrezselyem, darált
- 1 csésze húzott vajszósz

Útvonalak
a) Shell garnélarák, hagyva a farok. Szárítsuk meg, majd szórjuk be liszttel. Az olajat és a vajat lapos sütőedénybe keverjük; adjunk hozzá garnélarákot. Közepes lángon pároljuk 8 percig. Adjunk hozzá fokhagymát és petrezselymet a Drawn Butter Sauce-hoz. Ráöntjük a garnélarákra.

b) Addig keverjük, amíg a garnélarák be nem vonódik. Pároljuk még 2 percig.

35. Rántott garnélarák édes jamaicai rizzsel

Hozzávalók

- 1 font közepes garnélarák (51-60 szám), nyersen, héjas jerk fűszerezéssel
- 2 csésze forró főtt rizs
- 1 (11 uncia) doboz mandarin narancs, lecsepegtetve és apróra vágva
- 1 (8 uncia) doboz zúzott ananász, lecsepegtetve
- 1/2 csésze apróra vágott piros kaliforniai paprika
- 1/4 csésze apróra vágott mandula, pirított
- 1/2 csésze szeletelt mogyoróhagyma
- 2 evőkanál kókuszreszelék, pirítva
- 1/4 teáskanál őrölt gyömbér

Útvonalak

a) Készítsünk jerk pácot a rántás fűszer hátoldalán található utasítások szerint.

b) Hámozza meg és fejtse ki a garnélarákot a farkát hagyva. A rizs elkészítése közben pácba tesszük.

c) Egy nagy serpenyőben keverje össze az összes többi hozzávalót. Közepes-magas lángon, folyamatos keverés mellett főzzük 5 percig, vagy amíg teljesen fel nem melegszik. Távolítsa el a garnélarákot a pácból. Helyezze a brojler serpenyőbe egy rétegben. Süssük 5-6 hüvelyk a tűzről 2 percig.

d) Jól keverjük össze, és pároljuk további 2 percig, vagy amíg a garnélarák rózsaszínű nem lesz.
e) Rizzsel tálaljuk.

36. Citrom-fokhagymás sült garnélarák

Hozzávalók

- 2 kiló közepes garnélarák, meghámozva és kivágva
- 2 gerezd fokhagyma félbevágva
- 1/4 csésze vaj vagy margarin, olvasztott
- 1/2 teáskanál só
- Durva őrölt bors
- 3 csepp forró szósz
- 1 evőkanál Worcestershire szósz
- 5 evőkanál apróra vágott friss petrezselyem

Útvonalak

a) Helyezze a garnélarákot egyetlen rétegben egy 15 x 10 x 1 hüvelykes zselésítő serpenyőbe; félretesz, mellőz.

b) A fokhagymát vajban pirítjuk, amíg a fokhagyma megpirul; távolítsa el és dobja ki a fokhagymát. Hozzáadjuk a többi hozzávalót, a petrezselyem kivételével, jól keverjük össze. Öntsük a keveréket garnélarákra. Pároljuk a garnélarákot 8-10 percig a tűzről, egyszer megfürkészve. Megszórjuk petrezselyemmel.

6 adagot kapunk.

37. Lime Pepper garnélarák

Hozzávalók

- 1 font nagy garnélarák, meghámozva és kivágva
- 1 evőkanál olívaolaj
- 1 evőkanál darált friss rozmaring
- 1 evőkanál darált friss kakukkfű
- 2 teáskanál darált fokhagyma
- 1 teáskanál durvára őrölt fekete bors
- Csipet őrölt pirospaprika
- Egy lime leve

Útvonalak

a) Egy közepes tálban keverje össze a garnélarákot, az olajat, a fűszernövényeket és a paprikát. Jól keverjük össze, hogy bevonja a garnélarákot. 20 percig szobahőmérsékleten állni hagyjuk.

b) Melegítsünk fel egy nagy, tapadásmentes serpenyőt közepesen magas lángon 3 percig. Adja hozzá a garnélarákot egy rétegben. Süssük oldalanként 3 percig, vagy amíg a garnélarák rózsaszínű nem lesz, és éppen át nem sül. Ne főzzük túl. Levesszük a tűzről, és belekeverjük a lime levét.

38. Louisiana Shrimp Esplanade

Hozzávalók
- 24 db nagy friss garnélarák
- 12 uncia vaj
- 1 evőkanál pürésített fokhagyma
- 2 evőkanál Worcestershire szósz
- 1 teáskanál szárított kakukkfű
- 1 teáskanál szárított rozmaring
- 1/2 teáskanál szárított oregánó
- 1/2 teáskanál törött pirospaprika
- 1 teáskanál cayenne bors
- 1 teáskanál fekete bors
- 8 uncia sör
- 4 csésze főtt fehér rizs
- 1/2 csésze finomra vágott mogyoróhagyma

Útvonalak
a) Mossa meg a garnélarákot, és hagyja a héjában. Olvasszuk meg a vajat egy nagy serpenyőben, és keverjük hozzá a fokhagymát, a Worcestershire szószt és a fűszereket.
b) Adjunk hozzá garnélarákot, és rázzuk fel a serpenyőt, hogy a garnélarákot vajba merítsük, majd közepes-magas lángon pároljuk 4-5 percig, amíg rózsaszínűek nem lesznek.
c) Ezután öntsük hozzá a sört, keverjük további percig, majd vegyük le a tűzről. A garnélarákot meghéjazza és bontsa, majd rizságyon rendezze el. A tetejére öntjük az edénylevet, és apróra vágott mogyoróhagymával díszítjük.
d) Azonnal tálaljuk.

39. Malibu Stir Fry garnélarák

Hozzávalók
- 1 evőkanál mogyoróolaj
- 1 evőkanál vaj
- 1 evőkanál darált fokhagyma
- 1 font közepes garnélarák, héjastól és kifejtve
- 1 csésze szeletelt gomba
- 1 csokor mogyoróhagyma, szeletelve
- 1 piros édes paprika, kimagozva, vékony 2"-os csíkokra vágva
- 1 csésze friss vagy fagyasztott borsó
- 1 csésze Malibu rum
- 1 csésze nehéz tejszín
- 1/4 csésze apróra vágott friss bazsalikom
- 2 teáskanál őrölt chili paszta
- 1/2 lime leve
- Frissen őrölt fekete bors
- 1/2 csésze kókuszreszelék
- 1 kiló fettuccini, főzve

Útvonalak

a) Az olajat és a vajat nagy lángon felhevítjük egy nagy serpenyőben. Adjunk hozzá fokhagymát 1 percig. Adjunk hozzá garnélarákot, főzzük 2 percig rózsaszínűre. Adjuk hozzá a zöldségeket és pirítsuk 2 percig.

b) Adjunk hozzá rumot és pároljuk 2 percig. Adjuk hozzá a tejszínt és pároljuk 5 percig. Adjuk hozzá a maradék fűszereket. Kókusszal és főtt tésztával megkenjük.

40. Sült garnélarák

Hozzávalók
- 4 kiló hámozatlan, nagy, friss garnélarák vagy 6 kiló fejjel ellátott garnélarák
- 1/2 csésze vaj
- 1/2 csésze olívaolaj
- 1/4 csésze chili szósz
- 1/4 csésze Worcestershire szósz
- 2 citrom, szeletelve
- 4 gerezd fokhagyma apróra vágva
- 2 evőkanál kreol fűszer
- 2 evőkanál citromlé
- 1 evőkanál apróra vágott petrezselyem
- 1 teáskanál paprika
- 1 teáskanál oregánó
- 1 teáskanál őrölt pirospaprika
- 1/2 teáskanál forró szósz
- francia kenyér

Útvonalak
a) Egy sekély, alufóliával bélelt brojlerserpenyőbe terítsd ki a garnélarákot.
b) Keverje össze a vajat és a következő 12 hozzávalót egy serpenyőben alacsony lángon, keverje addig, amíg a vaj elolvad, és öntse rá a garnélarákra. Fedjük le és hűtsük le 2 órát, 30 percenként fordítsuk meg a garnélarákot.
c) Süssük fedő nélkül 400 F-on 20 percig; forduljon egyszer.
d) Tálaljuk kenyérrel, zöldsalátával és kukoricával a teljes étkezés érdekében.

41. Igazán menő garnélarák saláta

Hozzávalók
- 2 font Közepes garnélarák
- 1 csésze Miracle Whip
- 1/2 csésze zöldhagyma
- 1 zöld kaliforniai paprika
- 1 kis fej saláta
- 1 közepes paradicsom
- 1/2 csésze mozzarella sajt

Útvonalak

a) A garnélarákot meghámozzuk, kifőzzük és felforraljuk. A salátát, a kaliforniai paprikát, a paradicsomot, a zöldhagymát és a garnélarákot apróra vágjuk, és egy tálban összekeverjük... A mozzarella sajtot felaprítjuk, és a salátához adjuk.

b) Adjuk hozzá a csodakorbácsot, és jól keverjük össze.

42. M-80 sziklarák

M-80 szósz

- 1 evőkanál kukoricakeményítő
- 1 csésze víz
- 1 csésze szójaszósz
- 1 csésze világos barna cukor
- 1 evőkanál sambal chile paszta
- csésze frissen facsart narancslé 1 serrano chili, apróra vágva
- gerezd fokhagyma, apróra vágva (kb. 1 evőkanál)
- Egy 2 hüvelykes darab friss gyömbér, kikaparva/meghámozva és apróra vágva

Slaw

- fejes zöld káposzta, vékonyra szeletelve (kb. 1½ csésze)
- fej vörös káposzta, vékonyra szeletelve (kb. 1½ csésze)
- közepes sárgarépa, vékonyan 2 hüvelykes darabokra szeletelve
- közepes pirospaprika, vékonyra szeletelve
- közepes vöröshagyma, vékonyra szeletelve
- 1 gerezd fokhagyma, vékonyra szeletelve
- 1 serrano chili, vékonyra szeletelve
- bazsalikom levelek, vékonyra szeletelve

Garnélarák

- Növényi olaj
- 2 kiló szikrák (vagy helyettesítse 16-20 számmal kis kockákra vágott garnélarákot) 1 csésze író
- 3 csésze univerzális liszt
- Fekete-fehér szezámmag
- 1 evőkanál zöldhagyma, vékonyra szeletelve
- Koriander levelek

Útvonalak

a) Készítse el az M-80 szószt: Egy kis tálban keverje össze a kukoricakeményítőt és a vizet. Félretesz, mellőz.

b) Egy kis serpenyőben keverjük össze a szójaszószt, a barna cukrot, a chili pasztát, a narancslevet, a chilit, a fokhagymát és a gyömbért, és forraljuk fel a szószt. Csökkentse a hőt, és forralja 15 percig. Keverjük hozzá a kukoricakeményítő-víz keveréket, és forraljuk vissza a szószt.

c) Készítsd el a salátát: Egy közepes tálban dobd össze a zöld és a vörös káposztát, a sárgarépát, a pirospaprikát, a hagymát, a fokhagymát, a chilit és a bazsalikomot. Félretesz, mellőz.

d) Készítsd el a garnélarákot: Egy közepes serpenyőben, magas lángon adj hozzá annyi olajat, hogy az edény feléig érjen; melegítsük addig, amíg az olaj el nem éri a 350°-ot (hőmérővel mérje meg a hőmérsékletet). Tedd a sziklagarnélát egy nagy tálba, és öntsd rá az írót.

e) Egy lyukas kanál segítségével távolítsuk el a garnélarákot, csepegtessük le róla a felesleges írót, és egy külön tálban dobjuk fel a garnélarákot a liszttel. A garnélarákot 1-1,5 percig sütjük.

43. Pirítós a városról

Hozzávalók

- Tizenkét darab 16-20-as garnélarák, kifejtve és héjától eltávolítva
- Só és frissen őrölt fekete bors
- 2 avokádó
- 2 evőkanál limelé (kb. 1 közepes lime), elosztva
- 2 evőkanál finomra vágott koriander
- 2 teáskanál finomra vágott jalapeño (kb. 1 közepes jalapeño)
- 1 grapefruit
- 1 kis baguette, ¼ hüvelykes szeletekre szeletelve Extra szűz olívaolaj
- Só és frissen őrölt fekete bors ¼ csésze pisztácia, pirítva és apróra vágva

Útvonalak

a) Tegye a garnélarákot egy kis tányérra, és ízesítse sóval, borssal. Az avokádót hosszában a magok körül vágjuk fel, és távolítsuk el a magokat. Vágd fel az avokádóhúst keresztben, és egy kanál segítségével kanalazd ki az avokádóhúst egy közepes tálba. Keverje össze az avokádót 1½ evőkanál lime levével, valamint a korianderrel és a jalapenóval.

b) Késsel távolítsa el a grapefruithús héját és a magot, majd szeletelje fel a membránok mentén, hogy eltávolítsa a szeleteket. Félretesz, mellőz.

c) A bagettszeleteket megkenjük olívaolajjal, és sóval, borssal ízesítjük. Helyezze a baguette szeleteket a kenyérpirítóba, és pirítsa aranybarnára.
d) Egy közepes serpenyőben, közepes lángon hevíts fel $1\frac{1}{2}$ evőkanál olívaolajat, és add hozzá a garnélarákot. Süssük egy percig az egyik oldalon, majd fordítsuk meg és süssük további 30 másodpercig a másik oldalon. Tegye át a garnélarákot egy tálba, és dobja fel a maradék $\frac{1}{2}$ evőkanál lime levével.
e) Összeállítás: Kenjünk 2 evőkanál avokádó keveréket minden bagett szeletre. A tetejére egy vagy két darab garnélarákot és egy szelet grapefruitot teszünk. A tetejére szórjuk a pisztáciát, és azonnal tálaljuk.

44. Garnélarák a la Plancha sáfrányos allioli pirítóssal

Hozam: 4 adag

Hozzávalók
Aioli
- Nagy csipet sáfrány
- 2 nagy tojássárgája
- 1 gerezd fokhagyma, finomra vágva
- 2 teáskanál kóser só
- 3 csésze extra szűz olívaolaj, lehetőleg spanyol
- 2 teáskanál citromlé, szükség esetén még több

Garnélarák
- Négy ½ hüvelyk vastag szelet vidéki kenyér
- 2 evőkanál extra szűz olívaolaj
- 1½ font jumbo 16/20-count hámozott garnélarák
- Kóser só
- 2 citrom félbevágva
- 3 gerezd fokhagyma, apróra vágva
- 1 teáskanál frissen őrölt fekete bors
- 2 csésze száraz sherry
- 3 evőkanál durvára vágott lapos petrezselyem

Útvonalak

a) Készítse el az aiolit: Egy kis serpenyőben, közepes lángon pirítsa meg a sáfrányt, amíg törékennyé nem válik, 15-30 másodpercig. Fordítsuk ki egy kis tányérra, és egy kanál hátával törjük össze. Egy közepes tálba adjuk hozzá a sáfrányt, a tojássárgáját, a fokhagymát és a sót, és erőteljesen keverjük, amíg jól össze nem keveredik. Kezdje el néhány cseppenként hozzáadni az olívaolajat, alaposan keverje össze a hozzáadások között, amíg az aioli sűrűsödni nem kezd, majd nagyon lassú és egyenletes sugárban csepegtesse a maradék olajat a keverékbe, és addig keverje az aiolit, amíg sűrű és krémes nem lesz.

b) Hozzáadjuk a citromlevet, megkóstoljuk, és szükség szerint még több citromlével és sóval ízesítjük. Tegyük át egy kis tálba, fedjük le műanyag fóliával és tegyük hűtőbe.

c) Pirítós készítés: Állítsa a sütőrácsot a legfelső helyzetbe, a brojlert pedig magasra. Helyezze a kenyérszeleteket egy peremes tepsire, és kenje meg a kenyér mindkét oldalát 1 evőkanál olajjal. A kenyeret aranybarnára pirítjuk, körülbelül 45 másodpercig. Fordítsa meg a kenyeret, és pirítsa meg a másik oldalát (figyelje meg alaposan a brojlert, mivel a brojler intenzitása változó), 30-45 másodperccel tovább. Vegyük ki a kenyeret a sütőből, és minden szeletet tegyünk egy tányérra.

d) Egy nagy tálba helyezzük a garnélarákot. Használjon egy kést, hogy egy sekély vágást levágjon a garnéla ívelt hátán, eltávolítva az eret, és a héjat érintetlenül hagyva. Melegítsen egy nagy, vastag aljú serpenyőt közepesen magas lángon, amíg majdnem füstölni kezd, 1,5-2 percig. Adjuk hozzá a maradék 1 evőkanál olajat és a garnélarákot. A garnélarákra szórjuk egy csipet sóval és egy fél citrom levével, és addig főzzük, amíg a garnélarák el nem kezd felkunkorodni, és a héj szélei megbarnulnak, 2-3 percig.

e) Fogó segítségével fordítsa meg a garnélarákot, szórja meg több sóval és egy másik citromfél levével, és főzze, amíg a garnélarák világos rózsaszínű nem lesz, körülbelül 1 perccel tovább.

f) Készítsen mélyedést a serpenyő közepén, és keverje hozzá a fokhagymát és a fekete borsot; amint a fokhagyma illatos, körülbelül 30 másodperc elteltével adjuk hozzá a sherryt, forraljuk fel, és keverjük bele a fokhagymás-sherry keveréket a garnélarákba. Megfőzzük, kevergetve és a serpenyő aljáról a barna darabkákat a szószba kaparjuk. Zárd le a tüzet, és facsard bele egy másik fél citrom levét. A maradék citrom felét szeletekre vágjuk.

g) Kenje meg minden szelet kenyér tetejét egy bőséges kanál sáfrányos aiolival. Osszuk el a garnélarákot a tányérok között, és öntsünk mártással minden adagot. Megszórjuk petrezselyemmel, és citromkarikákkal tálaljuk.

45. Garnélarák curry mustárral

Hozzávalók:

- 1 font garnélarák
- 2 evőkanál olaj
- 1 teáskanál kurkuma
- 2 evőkanál mustárpor
- 1 teáskanál só
- 8 zöld chili

Útvonalak

a) Készítsen mustárpasztát azonos mennyiségű vízben. Egy tapadásmentes serpenyőben olajat hevítünk, és a mustárpürét és a garnélarákot legalább öt percig pirítjuk, majd felöntjük 2 csésze langyos vízzel.

b) Forraljuk fel, és adjunk hozzá kurkumát, sót és zöldpaprikát. Közepes lángon főzzük további huszonöt percig.

46. Garnélarák Curry

Hozzávalók:

- 1 font garnélarák, meghámozva és kivágva
- 1 hagyma, pürésítve
- 1 teáskanál gyömbér paszta
- 1 teáskanál fokhagyma paszta
- 1 paradicsom, pürésítve
- 1 teáskanál kurkuma por
- 1 teáskanál chili por
- 1 teáskanál köménypor
- 1 teáskanál koriander por
- 1 teáskanál só vagy ízlés szerint
- 1 teáskanál citromlé
- Koriander/koriander levelek
- 1 evőkanál olaj

Útvonalak

a) Egy tapadásmentes serpenyőben olajat hevítünk, és közepes lángon öt percig pirítjuk a hagymát, a paradicsomot, a gyömbért és a fokhagymát a kömény- és korianderporral, valamint a koriander/korianderlevéllel együtt.

b) Adjuk hozzá a garnélarákot, a kurkuma- és a chiliport és a sót fél csésze langyos vízzel együtt, és közepes lángon főzzük huszonöt percig. Tartsa a serpenyőt fedővel lefedve. Jól keverjük össze, hogy a garnélarák összeérjenek a fűszerekkel. Ízesítsük citromlével, tálalás előtt díszítsük korianderrel/korianderrel.

47. Garnélarák fokhagyma szószban

Hozzávalók

- 12 gerezd fokhagyma durvára vágva
- 1 csésze növényi olaj
- 1/4 csésze (1/2 rúd) sótlan vaj
- 1 1/2 font friss garnélarák, hámozott, erezett és pillangósan (a farkát érintetlenül hagyja)

Útvonalak

a) Egy nagy serpenyőben pirítsd meg a fokhagymát közepesen forró olajban (kb. 300 F) világosbarnára. Óvatosan figyelje meg, nehogy megégjen. Körülbelül 6-8 perc elteltével gyorsan keverje hozzá a vajat, és azonnal vegye le a tűzről. Amikor az összes vajat hozzáadta, a darabok ropogósak lesznek. Vágja ki őket egy lyukas kanállal, és az olajat és a vajat tartsa fenn a garnélarák párolásához.

b) Egy nagy serpenyőben hevíts fel körülbelül 2-3 evőkanálnyi olajat, majd pirítsd meg a garnélarákot körülbelül 5 percig. Nagyon röviden fordítsa meg, majd vegye ki. Adjon hozzá több olajat, ha szükséges, hogy az összes garnélarákot megpirítsa. Só ízlés szerint. Fokhagymadarabokkal és petrezselyemmel díszítjük. Mexikói rizzsel tálaljuk.

c) Próbáld meg kenni fokhagymás olajjal a francia kenyeret, majd megszórni petrezselyemmel, és megpirítani.

d) Tálaljuk a garnélarákkal, és tegyük mellé saláta- és paradicsomsalátával.

48. Garnélarák mustárkrémmártásban

Hozzávalók
- 1 kiló nagy garnélarák
- 2 evőkanál növényi olaj
- 1 medvehagyma, darálva
- 3 evőkanál száraz fehérbor
- 1/2 csésze kemény tejszín vagy tejszínhab
- 1 evőkanál dijoni mustár maggal
- Só ízlés szerint

Útvonalak

a) Shell és devein garnélarák. Egy 10 hüvelykes serpenyőben, közepes lángon főzzük a medvehagymát forró olajban 5 percig, gyakran kevergetve. Növelje a hőt közepesen magasra. Adjunk hozzá garnélarákot. Főzzük 5 percig, vagy amíg a garnélarák rózsaszínűvé nem válik, gyakran kevergetve. Távolítsa el a garnélarákot a tálba. Adjunk hozzá bort a serpenyőben lévő csöpögéshez.

b) Közepes lángon 2 percig főzzük. Adjuk hozzá a tejszínt és a mustárt. 2 percig főzzük. Tegye vissza a garnélarákot a serpenyőbe. Addig keverjük, amíg át nem melegszik. Só ízlés szerint.

c) Forró, főtt rizzsel tálaljuk.

d) 4-et szolgál ki.

49. Gazpacho

Hozzávalók

- 2 gerezd fokhagyma
- 1/2 vöröshagyma
- 5 roma paradicsom
- 2 szár zeller
- 1 nagy uborka
- 1 cukkini
- 1/4 csésze extra szűz olívaolaj
- 2 evőkanál vörösborecet
- 2 evőkanál cukor Néhány csepp csípős szósz Egy csepp só
- Csipetnyi fekete bors
- 4 csésze jó minőségű paradicsomlé
- 1 kiló garnélarák, hámozott és kivágott avokádó szeletek, tálaláshoz
- 2 kemény tojás, finomra darált Friss korianderlevél, ropogós kenyér tálalásához, tálaláshoz

Útvonalak

a) A fokhagymát felaprítjuk, a hagymát szeletekre, a paradicsomot, a zellert, az uborkát és a cukkinit felkockázzuk. Az összes fokhagymát, az összes hagymát, a maradék kockára vágott zöldségek felét és az olajat egy

konyhai robotgép táljába, vagy ha úgy tetszik, turmixgépbe dobjuk.
b) Öntsük bele az ecetet, és adjuk hozzá a cukrot, a forró szószt, a sót és a borsot. Végül felöntjük 2 csésze paradicsomlével, és jól összedolgozzuk. Alapvetően paradicsomos alapja lesz, gyönyörű zöldségkonfettivel.
c) Az összeturmixolt masszát öntsük egy nagy tálba, és adjuk hozzá a felkockázott zöldségek másik felét. Keverjük össze. Ezután keverjük hozzá a maradék 2 csésze paradicsomlevet. Kóstolja meg, és győződjön meg róla, hogy a fűszerezés megfelelő. Szükség szerint állítsa be. Lehetőleg egy órára hűtőbe tesszük.
d) Grillen vagy átlátszatlanra pároljuk a garnélarákot. Félretesz, mellőz. Tálkákba öntjük a levest, hozzáadjuk a grillezett garnélarákot, és avokádószeletekkel, tojással és korianderlevéllel díszítjük. Ropogós kenyérrel az oldalára tálaljuk.

50. Garnélarák Linguine Alfredo

Hozzávalók

- 1 (12 uncia) csomag linguine tészta
- 1/4 csésze vaj, olvasztott
- 4 evőkanál kockára vágott hagyma
- 4 teáskanál darált fokhagyma
- 40 kis garnélarák, meghámozva és kivágva
- 1 csésze fele-fele
- 2 teáskanál őrölt fekete bors
- 6 evőkanál reszelt parmezán sajt
- 4 szál friss petrezselyem
- 4 szelet citrom, díszítéshez

Útvonalak

a) A tésztát egy nagy fazék forrásban lévő vízben al dente főzzük; csatorna. Közben egy nagy serpenyőben felolvasztjuk a vajat. A hagymát és a fokhagymát közepes lángon puhára pároljuk. Adjunk hozzá garnélarákot; 1 percig nagy lángon, folyamatos keverés mellett pároljuk. Keverjük össze fele-fele arányban.

b) Folyamatos keverés mellett főzzük, amíg a szósz besűrűsödik. Tegye a tésztát egy tálba, és vonja be garnélamártással. Megszórjuk fekete borssal és parmezán sajttal.

c) Díszítsük petrezselyemmel és citromszeletekkel.

51. Marinara garnélarák

Hozzávalók

- 1 (16 oz.) konzerv paradicsom, feldarabolva
- 2 evőkanál darált petrezselyem
- 1 gerezd fokhagyma, felaprítva
- 1/2 teáskanál szárított bazsalikom
- 1 teáskanál só
- 1/4 teáskanál bors
- 1 teáskanál szárított oregánó
- 1 (6 oz.) doboz paradicsompüré
- 1/2 teáskanál fűszerezett só
- 1 font főtt héjas garnélarák
- Reszelt parmezán sajt
- Főtt spagetti

Útvonalak

a) Egy edényben keverje össze a paradicsomot petrezselyemmel, fokhagymával, bazsalikommal, sóval, borssal, oregánóval, paradicsompürével és fűszerezett sóval. Fedjük le és főzzük alacsony lángon 6-7 órán keresztül.

b) Fordítsa a szabályozót magasra, keverje hozzá a garnélarákot, fedje le, és főzze még 10-15 percig magas hőmérsékleten. Főtt spagettire tálaljuk.

c) A tetejére parmezán sajtot szórunk.

52. Garnélarák Newburg

Hozzávalók
- 1 kilós garnélarák, főtt, deveined
- 4 uncia konzerv gomba
- 3 kemény tojás, meghámozva és apróra vágva
- 1/2 csésze parmezán sajt
- 4 evőkanál vaj
- 1/2 hagyma, apróra vágva
- 1 gerezd fokhagyma apróra vágva
- 6 evőkanál liszt
- 3 csésze tej
- 4 evőkanál száraz sherry
- Worcestershire szósz
- Só, bors
- Tabasco szósz

Útvonalak
a) Melegítse elő a sütőt 375 F fokra.
b) A vajat felolvasztjuk, majd a hagymát és a fokhagymát puhára pároljuk. Adjuk hozzá a lisztet. Jól összekeverni. Folytonos keverés mellett fokozatosan hozzáadjuk a tejet. Addig főzzük, amíg a szósz besűrűsödik. Adjuk hozzá a sherryt és a fűszereket ízlés szerint.
c) Egy külön tálban keverje össze a garnélarákot, a gombát, a tojást és a petrezselymet. Adjunk hozzá szószt és 1/4 csésze sajtot a garnélarákos keverékhez. Jól összekeverni.

d) Öntse a keveréket egy 2 literes rakott edénybe, és a tetejére tegye a maradék sajtot. Megkenjük a vajjal.
e) 10 percig sütjük, amíg a teteje kissé megpirul.

53. Fűszeres pácolt garnélarák

Hozzávalók

- 2 font. Nagy garnélarák, hámozott és kifejlett
- 1 teáskanál só
- 1 citrom, félbevágva
- 8 csésze víz
- 1 csésze fehérborecet vagy tárkonyecet
- 1 csésze olívaolaj
- 1-2 serrano chili (ízléstől függően több vagy kevesebb), magvak és erek eltávolítva, finomra darálva
- $\frac{1}{4}$ csésze friss koriander, apróra vágva
- 2 nagy gerezd fokhagyma, darálva vagy fokhagymaprésen
- 2 teáskanál friss koriander apróra vágva (ízlés szerint)
- 3 zöldhagyma (csak a fehér része), darálva
- Frissen őrölt fekete bors, ízlés szerint

Útvonalak

a) Keverjük össze a vizet, a sót és a citrom felét egy holland sütőben, és forraljuk fel. Adjuk hozzá a garnélarákot, keverjük össze, és forraljuk 4-5 percig. Levesszük a tűzről és lecsepegtetjük.

b) Keverje össze az ecetet, az olívaolajat, a chilit, a koriandert és a fokhagymát egy nagy cipzáras műanyag zacskóban vagy más műanyag edényben. Adjuk hozzá a főtt garnélarákot, és tegyük hűtőbe 12 órára vagy egy éjszakára, többször megforgatva.

c) Tálaláskor csepegtessük le a garnélarákról a folyadékot. Egy nagy tálban keverje össze a hűtött garnélarákot további korianderrel, zöldhagymával és fekete borssal, és jól keverje össze. Tálalótálba rendezzük, és azonnal tálaljuk.

54. Fűszeres szingapúri garnélarák

Hozzávalók
- 2 kiló nagy garnélarák
- 2 evőkanál ketchup
- 3 evőkanál Sriracha
- 2 evőkanál citromlé
- 2 evőkanál szójaszósz
- 1 evőkanál cukor
- 2 közepes jalapeño kimagozva és darálva
- fehér hagyma 1 citromfű szárból, darálva
- 1 evőkanál friss gyömbér, darálva
- 4 medvehagyma, vékonyra szeletelve
- 1/4 csésze koriander, apróra vágva

Útvonalak

a) Keverjük össze a ketchupot, az ecetet (ha használjuk), a chili szószt, a citromlevet, a szójaszószt és a cukrot.

b) Egy nagy serpenyőben felforrósítunk egy kevés növényi olajat, és nagy lángon megsütjük a garnélarákot. Amikor elkezdenek rózsaszínűvé válni, fordítsa meg őket.

c) Adjunk hozzá még egy kis olajat és a jalapenót, a fokhagymát, a citromfüvet és a gyömbért. Gyakran keverjük, amíg a keverék át nem melegszik. Figyelmeztetés: finom illata lesz. Próbáld meg ne veszíteni a fókuszt.

d) A serpenyőben 30 másodpercig kevergetve pirítsuk a mogyoróhagymát és a ketchupos keveréket, majd keverjük hozzá az apróra vágott koriandert. A garnélarákot rizzsel tálaljuk.

55. Csillagfényű garnélarák

Hozzávalók

- 6 csésze vizet
- 2 evőkanál só
- 1 citrom félbevágva
- 1 szárzeller, 3 hüvelykes darabokra vágva
- 2 babérlevél
- Egy csipetnyi cayenne bors
- 1/4 csésze petrezselyem, darált
- 1 csomag rák/rák/rákfőzelék
- 2 font. hámozatlan garnélarák, frissen trollkodva a Mobile Bayben
- 1 tartály koktélszósz

Útvonalak

a) Vágja le a garnélarák fejét.
b) Keverje össze az első 8 hozzávalót egy nagy fazékban vagy egy holland sütőben. Forraljuk fel. Adjuk hozzá a héjas garnélarákot, és főzzük körülbelül 5 percig, amíg rózsaszínűek nem lesznek. Jól lecsepegtetjük hideg vízzel és lehűtjük.
c) A garnélarákot meghámozzuk és kifejtjük, majd hűtött hűtőben tároljuk.
d)

POLIP

56. Polip vörösborban

Hozzávalók

- 1 kg (2,25 font) fiatal polip
- 8 evőkanál olívaolaj
- 350 g (12 uncia) kis hagyma vagy medvehagyma 150 ml (0,25 pint) vörösbor 6 evőkanál vörösborecet
- 225 g (8 uncia) konzerv paradicsom, durvára vágva 2 evőkanál paradicsompüré
- 4 babérlevél
- 2 teáskanál szárított oregánó
- fekete bors
- 2 evőkanál apróra vágott petrezselyem

Útvonalak

a) Először tisztítsa meg a polipot. Húzza le a csápokat, távolítsa el és dobja ki a beleket és a tintazsákot, a szemeket és a csőrt. Nyúzza meg a polipot, és alaposan mossa meg és dörzsölje le, hogy eltávolítsa a homoknyomokat. Vágjuk 4-5 cm-es (1,5-2 hüvelyk) darabokra, és tegyük egy serpenyőbe közepes lángon, hogy kiengedje a folyadékot. Addig keverjük a polipot, amíg ez a folyadék el nem párolog. Öntsük rá az olajat, és keverjük meg a polipot, hogy minden oldala jól lezárható legyen. Hozzáadjuk az egész hagymát, és egyszer-kétszer megkeverve addig főzzük, amíg enyhén elszíneződik.

b) Adjuk hozzá a bort, az ecetet, a paradicsomot, a paradicsompürét, a babérlevelet, az oregánót és néhány őrölt borsot. Jól keverjük össze, fedjük le a serpenyőt, és pároljuk nagyon finoman 1-1,25 órán keresztül, időnként ellenőrizzük, hogy a szósz nem száradt-e ki. Ha ez megtörténik – és ez csak akkor fordulhat elő, ha túl magas a hőség – adjunk hozzá még egy kis bort vagy vizet. A polip akkor sül meg, ha nyársal könnyen átszúrható.

c) A szósznak sűrűnek kell lennie, mint egy folyós paszta. Ha a folyadék elválik, vegyük le a serpenyőről a fedőt, kissé növeljük a hőt, és addig keverjük, amíg a folyadék egy része elpárolog, és a szósz besűrűsödik. A babérleveleket kidobjuk, és belekeverjük a petrezselymet. Kóstolja meg a szószt, és ha szükséges, módosítsa a fűszerezést. Ízlés szerint rizzsel és salátával tálaljuk. A görögök nélkülözhetetlen a vidéki kenyér a szósz felmosásához.

4-6

57. Pácolt polip

Hozzávalók

- 1 kg (2,25 font) fiatal polip
- körülbelül 150 ml (0,25 pint) olívaolaj
- kb 150ml (0,25pint) vörösborecet 4 gerezd fokhagyma
- só és fekete bors 4-6 szál kakukkfű vagy 1 teáskanál szárított kakukkfű citromszeletek, tálaláshoz

Útvonalak

a) Készítse elő és mossa meg a polipot (mint az Octopus in Red Wine-ben). Helyezze a fejet és a csápokat egy serpenyőbe 6-8 evőkanál vízzel, fedje le és párolja 1-1,25 órán át, amíg megpuhul. Teszteld nyárssal. A maradék folyadékot leöntjük, és félretesszük hűlni.

b) Vágja a húst 12 mm-es (0,5 hüvelykes) csíkokra, és lazán csomagolja őket egy csavaros tetejű üvegbe. Keverjen össze annyi olajat és ecetet, hogy megtöltse az edényt - a pontos mennyiség a tenger gyümölcsei és az edény relatív térfogatától függ - keverje hozzá a fokhagymát, és ízesítse sóval és borssal. Ha szárított kakukkfüvet használ, keverje össze a folyadékkal ebben a szakaszban. Öntsük rá a polipra, ügyelve arra, hogy minden darabja teljesen elmerüljön. Ha kakukkfűszárat használunk, nyomjuk bele az üvegbe.

c) Fedjük le az edényt és tegyük félre legalább 4-5 napig használat előtt.

d) A tálaláshoz csepegtessük le a polipot, és tálaljuk kis tányérokon vagy csészealjakon a citromkarikákkal együtt.

e) A koktélrudakra lándzsás, legalább egynapos kenyérkockák a szokásos kísérők.

SZOLGÁLT 8

58. Borban Főtt Polip

Hozzávalók

- 1 3/4 lb. polip (felolvasztott)
- 4 ek. olivaolaj
- 2 nagy hagyma felszeletelve
- só, bors
- 1 babérlevél
- 1/4 csésze száraz fehérbor

Útvonalak

a) Távolítsa el a fejrészt a polipról. Tiszta. Mossa meg a karokat.

b) A polipot szeleteljük falatnyi kockákra.

c) Olívaolajon közepes lángon kb 10 percig sütjük, rendszeresen forgatva.

d) Adjuk hozzá a hagymát, a fűszereket és a bort. Fedjük le, és lassú tűzön pároljuk, amíg a polip megpuhul, körülbelül 15 percig.

4-et szolgál ki

59. Szicíliai grillezett bébipolip

4 ADAGOT készít

Hozzávalók

- 2½ font megtisztított és fagyasztott polipbébi
- 2 csésze testes vörösbor, mint pl
- Pinot Noir vagy Cabernet Sauvignon
- 1 kisebb hagyma, szeletelve
- 1 teáskanál fekete bors
- teáskanál egész szegfűszeg
- 1 babérlevél
- 1 csésze szicíliai citrus pác
- ¾ csésze kimagozott és durvára vágott szicíliai vagy cerignola zöld olajbogyó
- 3 uncia baby rukkola levelek
- 1 evőkanál apróra vágott friss menta
- Durva tengeri só és frissen őrölt fekete bors

Útvonalak

a) Öblítsük le a polipot, majd tegyük egy fazékba a borral és annyi vízzel, hogy ellepje. Hozzáadjuk a hagymát, a szemes borsot, a szegfűszeget és a babérlevelet. Erős lángon forraljuk fel, majd mérsékeljük a hőt közepes-alacsonyra, fedjük le, és lassú tűzön pároljuk, amíg a polip annyira megpuhul, hogy a kés könnyen beleférjen, 45 perc és 1 óra között. Csepegtessük le a polipot, öntsük ki a folyadékot vagy szűrjük le, és tartalékoljuk a tenger gyümölcsei alaplének vagy rizottónak. Amikor a polip elég hűvös ahhoz, hogy kezelni tudja, vágja le a csápokat a fejénél.

b) Keverje össze a polipot és a pácot egy 1 gallonos cipzárral zárható zacskóban. Nyomjuk ki a levegőt, zárjuk le a zacskót, és tegyük hűtőbe 2-3 órára. Gyújtsa meg a grillsütőt a közvetlen közepes-magas hő eléréséhez, körülbelül $450\frac{1}{4}$F.

c) Vegye ki a polipot a pácból, szárítsa meg, és hagyja állni szobahőmérsékleten 20 percig. A pácot egy serpenyőbe szűrjük, és közepes lángon pároljuk. Adjuk hozzá az olajbogyót, és vegyük le a tűzről.

d) Kenje meg a grillrácsot és kenje be olajjal. Közvetlenül a tűzön grillezze a polipot, amíg szép grilljelzés nem lesz, oldalanként 3-4 percig, finoman nyomja meg a polipot, hogy jól süljön. A rukkolát tálra vagy tányérokra helyezzük, és a tetejére helyezzük a polipot. Minden adagra kanalazzuk a meleg szószból, beleértve a jó mennyiségű olajbogyót is. Megszórjuk mentával, sóval és fekete borssal.

Fésűkagyló

60. Seafood Pot Pie

Hozzávalók
- 1/2 csésze száraz fehérbor
- 1 font tengeri kagyló, félbevágva, ha nagyon nagy
- 1 nagy sütőburgonya, meghámozva és 1/2 hüvelykes kockákra vágva
- 3 evőkanál vaj, megpuhult
- 1/2 csésze hámozott és darált savanykás alma
- 1 nagy sárgarépa, darálva
- 1 zeller tarja, darálva
- 1 nagy hagyma, felaprítva
- 1 gerezd fokhagyma, felaprítva
- 1 1/2 csésze csirkehúsleves
- 1/4 csésze nehéz tejszín
- 2 evőkanál univerzális liszt
- 3/4 teáskanál só
- 1/2 teáskanál frissen őrölt fehér bors csipetnyi cayenne bors
- 1 font közepes garnélarák, héjastól és kifejtve
- 1 csésze kukoricaszem
- 1 kis üveg (3 1/2 uncia) pimiento csík
- 2 evőkanál darált petrezselyem
- Pelyhes tészta

Útvonalak
a) Egy közepesen nem reagáló serpenyőben forraljuk fel a bort nagy lángon. Adjuk

hozzá a tengeri herkentyűket, és főzzük, amíg átlátszatlan nem lesz, körülbelül 1 percig. A tengeri herkentyűket lecsepegtetjük, a folyadékot félretesszük. Egy másik közepes serpenyőben forrásban lévő sós vízben főzzük a burgonyát puhára, 6-8 perc alatt; lecsepegtetjük és félretesszük.

b) Melegítse elő a sütőt 425 F-ra. Egy nagy serpenyőben olvassz fel 2 evőkanál vajat közepes lángon. Adjuk hozzá az almát, a sárgarépát, a zellert és a hagymát, és főzzük, amíg a keverék megpuhul és barnulni kezd, körülbelül 6 percig. Adjuk hozzá a fokhagymát és főzzük tovább 1 percig. Felöntjük a csirke alaplével, és emeljük a hőt magasra. Forraljuk, amíg a folyadék nagy része el nem párolog, körülbelül 5 percig.

c) Az almás-zöldség keveréket aprítógépbe tesszük. Püresítsd simára. Tegyük vissza a serpenyőbe, és keverjük hozzá a fenntartott fésűkagyló-folyadékot és a kemény tejszínt.

d) Egy kis tálban keverjük el a lisztet a maradék 1 evőkanál vajjal, hogy masszát kapjunk. Forraljuk fel a kagyló krémet mérsékelt lángon. Fokozatosan keverjük hozzá a vajas masszát. Forraljuk fel, addig keverjük

61. Sült kagyló fokhagymás szósszal

Hozzávalók

- 1 1/2 kiló babérfi kagyló, félbe vágva
- 3 gerezd fokhagyma, összetörve
- 1/4 csésze (1/2 rúd) margarin, olvasztott
- 10 db kemény fehér gomba szeletelve
- Egy csipetnyi hagymás só
- Egy csipetnyi frissen reszelt bors
- 1/3 csésze fűszerezett zsemlemorzsa
- 1 teáskanál finomra aprított friss petrezselyem

Útvonalak

a) Törölje le a tengeri herkentyűket nedves papírtörlővel. A fokhagymagerezdeket összetörjük, és a margarinhoz adjuk; jól keverjük össze. Tartsd melegen. Az olvasztott fokhagymás szószból öntsünk egy keveset egy tepsi aljába; hozzáadjuk a gombát és fűszerezzük.

b) Helyezze a kagylót a gombák tetejére. Foglaljon le 1 evőkanál fokhagymás szószt, a többit csepegtesse a tengeri herkentyűkre.

c) Megszórjuk zsemlemorzsával, petrezselyemmel és fokhagymás szósszal. Előmelegített 375 fokos sütőben addig sütjük, amíg a teteje szépen megpirul és forró lesz.

62. Provanszi kagyló

Hozzávalók
- 2 teáskanál olívaolaj
- 1 font tengeri kagyló
- 1/2 csésze vékonyra szeletelt hagyma, karikákra vágva 1 gerezd fokhagyma, darálva
- 1 csésze kockára vágott rendes vagy szilvás paradicsom
- 1/4 csésze apróra vágott érett olajbogyó
- 1 evőkanál szárított bazsalikom
- 1/4 teáskanál szárított kakukkfű
- 1/8 teáskanál só
- 1/8 teáskanál frissen őrölt bors

Útvonalak
a) Melegítsünk olívaolajat egy nagy, tapadásmentes serpenyőben közepesen magas lángon. Adjunk hozzá fésűkagylót, és pároljuk 4 percig, vagy amíg kész.
b) Vegye ki a kagylót a serpenyőből egy réskanállal; tedd félre, és tartsd melegen.
c) A hagymakarikákat és a fokhagymát a serpenyőbe tesszük, és 1-2 percig pirítjuk. Adjuk hozzá a paradicsomot és a többi hozzávalót, és pároljuk 2 percig, vagy amíg megpuhul.

Kanál szószt a tengeri herkentyűkre

63. Fésűkagyló fehér vaj szósszal

Hozzávalók
- 750 g (1=lb.) kagyló
- 1 csésze fehérbor
- 90g (3oz) hóborsó vagy vékonyra szeletelt zöldbab
- néhány metélőhagyma a díszítéshez
- sót és frissen őrölt borsot
- kevés citromlé
- 1 evőkanál apróra vágott zöldhagyma 125g (4oz)
- vaj darabokra vágva

Útvonalak
a) Távolítson el minden szakállt a fésűkagylóról, majd mossa meg. Óvatosan távolítsa el az ikrát, és fektessük papírtörlőre, hogy megszáradjon. Sózzuk, borsozzuk.
b) A kagylót és az ikrát borban és citromlében buggyantjuk kb. 2 perc. Vegye ki és tartsa melegen. A hóborsót forrásban lévő, sós vízbe tesszük 1 percre, lecsepegtetjük, ugyanígy járjunk el a babbal is, ha használunk.
c) Adja hozzá a zöldhagymát az orvvadászathoz, és csökkentse körülbelül 1/2 csészére. Enyhe lángon apránként adjuk hozzá a vajat, és keverjük hozzá,

hogy mártást kapjunk (olyan állagú, mint a tejszín kiöntése).

d) Tálaljuk ropogós kenyérrel, hogy felmossuk a szép szószt.

FOLTOS TŐKEHAL

64. Foltos tőkehal gyógynövényes vajjal

4 adagot készít

Hozzávalók
Gyógynövényes vaj:

- 1 csésze (2 rúd) sózatlan vaj, megpuhult
- ½ csésze lazán csomagolt bazsalikom
- ½ csésze lazán csomagolt petrezselyem
- ½ medvehagyma
- 1 kis gerezd fokhagyma
- ½ teáskanál só
- 1/8 teáskanál bors

Karamellizált hagyma:
- 1-evőkanál vaj
- 2 nagy hagyma, szeletelve
- ½ teáskanál só
- ¼ teáskanál frissen őrölt fekete bors
- 2 evőkanál friss kakukkfűlevél, vagy 1 teáskanál szárított
- 2 kiló foltos tőkehal
- 3 paradicsom, szeletelve

Útvonalak
a) A lágyított vaj, a bazsalikom, a petrezselyem, a medvehagyma, a fokhagyma, a só és a bors együttes

feldolgozásával készítsük el a gyógynövényes vajat.

b) Forgassa a vajat egy darab műanyag fóliára, és formálja a vajat hasáb alakúra. Csomagolja be műanyag fóliába, és hűtse le vagy fagyassza le. Melegítsük fel a vajat és az olajat egy közepes serpenyőben közepes-alacsony lángon.

c) Adjuk hozzá a hagymát, és főzzük, amíg el nem kezdenek puhulni, időnként megkeverve körülbelül 15 percig.

d) Adjuk hozzá a sót és a borsot; enyhén emeljük a hőt, és időnként megkeverve 30-35 perc alatt aranybarnára sütjük. Keverjük hozzá a kakukkfüvet.

e) Melegítsük elő a sütőt 375°-ra. Olajozzon ki egy 9 x 13 hüvelykes serpenyőt.

f) Terítse el a hagymát a serpenyő alján, majd helyezze a foltos tőkehalat a hagymára.

g) Fedjük be a foltos tőkehalat a felszeletelt paradicsommal.

h) Addig sütjük, amíg a foltos tőkehal a közepe kicsit átlátszatlan nem lesz (kb. 20 perc). Tovább fog sütni, ha kivesszük a sütőből.

i) Szeletelje fel a gyógynövényes vajat $\frac{1}{4}$ hüvelykes medalionokra, helyezze őket a paradicsom tetejére, és tálalja.

65. Cajun fűszerezett foltos tőkehal

Hozzávalók
- 1 foltos tőkehal filé
- Liszt
- 1 teáskanál Cajun fűszer
- 75 g ananász kockára vágva
- 1 újhagyma
- 10 g vöröshagyma
- 10 g pirospaprika
- 10 g olívaolaj

Útvonalak

a) A salsához az ananászt nagyjából 1 cm-es kockákra vágjuk, a lilahagymát, 1 újhagymát, valamint a pirított és meghámozott pirospaprikát apróra vágjuk. Hozzáadjuk az olajat és a vörösborecetet, majd lefedett edényben szobahőmérsékleten 1 órát állni hagyjuk.

b) A lisztet összekeverjük a Cajun fűszerrel, és bevonjuk a fűszerezett foltos tőkehalfilét.

c) Serpenyőben megsütjük a foltos tőkehalat, és salsával megkenve tálaljuk.

66. Foltos tőkehal, póréhagyma és burgonyalé

Hozzávalók
- 1/4 foltos tőkehal filé
- 25 g szeletelt póréhagyma
- 25 g kockára vágott burgonya
- 15 g kockára vágott hagyma
- 250 ml tejszín
- 100 ml halállomány
- Vágott petrezselyem

Útvonalak

a) Serpenyőben megpirítjuk a megmosott és apróra vágott póréhagymát.

b) Amikor a póréhagyma megpuhult, hozzáadjuk a burgonyát és a hagymát.

c) Amikor a zöldségek felforrósodtak, adjuk hozzá a tejszínt és az alaplevet, és forraljuk fel. Lassítsd le lassú tűzön, és add hozzá az apróra vágott foltos tőkehalat.

d) Pároljuk 10 percig, és tálalás közben adjuk hozzá az apróra vágott petrezselymet.

67. Füstölt foltos tőkehal és paradicsomos chutney

Hozzávalók:

- 3 db 175 g füstölt foltos tőkehal filé
- 30 kis kész tartlet csésze

Meleg pirítós

- 325 g erős cheddar sajt
- 75 ml tej
- 1 tojássárgája
- 1 egész tojás
- 1/2 evőkanál mustárpor
- 30 g sima liszt
- 1/2 teáskanál Worcester szósz, Tabasco szósz
- 25 g friss fehér zsemlemorzsa
- Fűszerezés

Paradicsom Chutney

- 15 g gyömbér gyökér
- 4 piros chili
- 2 kg piros paradicsom
- 500 g alma meghámozva és apróra vágva
- 200 g szultán
- 400 g apróra vágott medvehagyma
- Só
- 450 g barna cukor
- 570 ml maláta ecet

Útvonalak

a) A foltos tőkehalat jól megfűszerezzük, és kevés olívaolajon a sütőbe tesszük, és körülbelül 5-6 percig sütjük.

b) A sajtot lereszeljük, és a tejjel a serpenyőbe adjuk, és egy serpenyőben óvatosan felmelegítjük, amíg fel nem oldódik, levesszük a tűzről és kihűtjük.

c) Adjuk hozzá az egész tojást és a sárgáját, a mustárt, a zsemlemorzsát és egy csipetnyi Worcester-t és Tabascót, fűszerezzük és hagyjuk kihűlni.

d) A foltos tőkehalat pelyhesítsd fel, hogy eltávolítsd a csontokat, és tedd a chutney-t a torták aljába, majd tedd rá a pelyhes halat. Melegítsük elő a grillsütőt magas lángra, és tegyük rá a foltos tőkehalra, és tegyük a grill alá, amíg a teteje aranybarna nem lesz.

e) Vegyük le a foltos tőkehalat a grillről, és azonnal tálaljuk.

LAZAC

68. Varázslatos sült lazac

(1 adagot készít)

Hozzávalók

- 1 lazac filé
- 2 teáskanál Salmon Magic
- Sózatlan vaj, olvasztott

Útvonalak
a) Melegítsük elő a sütőt 450 F-ra.
b) A lazacfilé tetejét és oldalát enyhén megkenjük olvasztott vajjal. Egy kis tepsit enyhén megkenünk olvasztott vajjal.
c) Fűszerezze a lazacfilé tetejét és oldalát a Lazacvarázssal. Ha vastag a filé, használjunk még egy kis lazacvarázst. Finoman nyomkodd bele a fűszert.
d) Helyezzük a filét a tepsire, és addig sütjük, amíg a teteje aranybarna nem lesz, és a filé éppen át nem sül. Annak érdekében, hogy nedves, rózsaszínű

lazac legyen, ne süssük túl. Azonnal tálaljuk.
e) Főzési idő: 4-6 perc.

69. Lazac gránátalmával és quinoával

Adagok: 4 adag

Hozzávalók

- 4 lazac filé, bőr nélkül
- $\frac{3}{4}$ csésze gránátalmalé, cukormentes (vagy alacsony cukortartalmú)
- $\frac{1}{4}$ csésze narancslé, cukormentes
- 2 evőkanál narancslekvár/lekvár
- 2 evőkanál fokhagyma, darált
- Só és bors ízlés szerint
- 1 csésze quinoa, a csomagolás szerint főzve
- Néhány szál koriander

Útvonal:

a) Egy közepes tálban keverje össze a gránátalma levét, a narancslevet, a narancslekvárt és a fokhagymát. Ízesítsük sóval, borssal és ízlés szerint módosítsuk az ízt.

b) Melegítsük elő a sütőt 400 F-ra. A tepsit kikenjük puha vajjal. Helyezze a lazacot a tepsire, hagyjon 1 hüvelyk helyet a filék között.

c) A lazacot 8-10 percig főzzük. Ezután óvatosan vegyük ki a tepsit a sütőből, és öntsük bele a gránátalmás keveréket. Ügyeljen arra, hogy a lazac teteje egyenletesen legyen bevonva a keverékkel. Tegye vissza a lazacot a sütőbe, és süsse még 5 percig, vagy amíg teljesen megpuhul, és a gránátalmás keverék aranyszínű máz lesz.

d) Amíg a lazac sül, elkészítjük a quinoát. Forraljunk fel 2 csésze vizet közepes lángon, és adjuk hozzá a quinoát. 5-8 percig főzzük, vagy amíg a víz fel nem szívódik. Levesszük a tűzről, villával megforgatjuk a quinoát, majd visszatesszük a fedőt. Hagyja a maradék hőt főni a quinoát további 5 percig.

e) A gránátalmás lazacot tegyük egy tálba, és szórjunk rá frissen vágott koriandert. A lazacot quinoával tálaljuk.

70. Sült lazac és édesburgonya

Adagok: 4 adag

Hozzávalók

- 4 lazacfilé, bőrét eltávolítjuk
- 4 közepes méretű édesburgonya, meghámozva és 1 hüvelyk vastagságúra vágva
- 1 csésze brokkoli rózsa
- 4 evőkanál tiszta méz (vagy juharszirup)
- 2 evőkanál narancslekvár/lekvár
- 1 1 hüvelykes friss gyömbér gombóc, reszelve
- 1 teáskanál dijoni mustár
- 1 evőkanál szezámmag, pirítva
- 2 evőkanál sózatlan vaj, olvasztott
- 2 teáskanál szezámolaj
- Só és bors ízlés szerint
- Újhagyma/hagyma, frissen aprítva

Útvonal:

a) Melegítsük elő a sütőt 400 F-ra. A tepsit kikenjük olvasztott sózatlan vajjal.

b) Helyezze a serpenyőbe a felszeletelt édesburgonyát és a brokkoli rózsákat. Enyhén fűszerezzük sóval, borssal és egy teáskanál szezámolajjal. Ügyeljen arra, hogy a zöldségeket enyhén megkenje szezámolajjal.
c) A burgonyát és a brokkolit 10-12 percig sütjük.
d) Amíg a zöldségek még a sütőben vannak, elkészítjük az édes mázat. Egy keverőtálban hozzáadjuk a mézet (vagy juharszirupot), a narancslekvárt, a reszelt gyömbért, a szezámolajat és a mustárt.
e) Óvatosan vegye ki a tepsit a sütőből, és terítse el a zöldségeket az oldalára, hogy helyet biztosítson a halnak.
f) A lazacot enyhén sózzuk és borsozzuk.
g) Helyezzük a lazacfiléket a tepsi közepére, és öntsük rá az édes mázt a lazacra és a zöldségekre.
h) Tegye vissza a serpenyőt a sütőbe, és süsse további 8-10 percig, vagy amíg a lazac villapuhára nem válik.

i) Tegye át a lazacot, az édesburgonyát és a brokkolit egy szép tálra. Szezámmaggal és újhagymával díszítjük.

71. Sült lazac feketebab szósszal

Adagok: 4 adag

Hozzávalók

- 4 lazacfilé, a bőrt és a tűcsontokat eltávolítjuk
- 3 evőkanál feketebab szósz vagy feketebab fokhagyma szósz
- ½ csésze csirkealaplé (vagy zöldségalaplé egészségesebb helyettesítőjeként)
- 3 evőkanál fokhagyma, darált
- 1 1 hüvelykes friss gyömbér gombóc, reszelve
- 2 evőkanál sherry vagy szaké (vagy bármilyen főzőbor)
- 1 evőkanál citromlé, frissen facsart
- 1 evőkanál halszósz
- 2 evőkanál barna cukor
- ½ teáskanál piros chili pehely
- Friss korianderlevél, apróra vágva
- Köretnek újhagyma

Útvonal:

a) Egy nagy tepsit kivajazunk, vagy sütőpapírral kibéleljük. Melegítse elő a sütőt 350 F-ra.
b) Egy közepes tálban keverje össze a csirkelevet és a feketebab szószt. Adjuk hozzá a darált fokhagymát, a reszelt gyömbért, a sherryt, a citromlevet, a halszószt, a barna cukrot és a chili pehelyt. Alaposan keverjük össze, amíg a barna cukor teljesen fel nem oldódik.
c) Öntse a feketebab szószt a lazacfilére, és hagyja, hogy a lazac teljesen felszívja a feketebab keveréket legalább 15 percig.
d) Tegye át a lazacot a tepsibe. 15-20 percig főzzük. Ügyeljen arra, hogy a lazac ne száradjon ki túlságosan a sütőben.
e) Apróra vágott korianderrel és újhagymával tálaljuk.

72. Paprikás grillezett lazac spenóttal

Adagok: 6 adag

Hozzávalók

- 6 rózsaszín lazac filé, 1 hüvelyk vastag
- ¼ csésze narancslé, frissen facsart
- 3 teáskanál szárított kakukkfű
- 3 evőkanál extra szűz olívaolaj
- 3 teáskanál édes paprikapor
- 1 teáskanál fahéjpor
- 1 evőkanál barna cukor
- 3 csésze spenótlevél
- Só és bors ízlés szerint

Útvonal:

a) A lazacfilé mindkét oldalát vékonyan megkenjük olívabogyóval, majd fűszerpaprikaporral, sóval és borssal ízesítjük. Tegye félre 30 percre szobahőmérsékleten. Hagyja, hogy a lazac felszívja a paprika dörzsölését.

b) Egy kis tálban keverjük össze a narancslevet, a szárított kakukkfüvet, a fahéjport és a barna cukrot.

c) Melegítsük elő a sütőt 400 F-ra. A lazacot alufóliával bélelt tepsibe tesszük. Öntsük a pácot a lazachoz. A lazacot 15-20 percig főzzük.

d) Egy nagy serpenyőben adjunk hozzá egy teáskanál extra szűz olívaolajat, és főzzük a spenótot körülbelül néhány percig, vagy amíg megfonnyad.

e) A sült lazacot spenóttal az oldalára tálaljuk.

73. Lazac Teriyaki zöldségekkel

Adagok: 4 adag

Hozzávalók

- 4 lazacfilé, a bőrt és a tűcsontokat eltávolítjuk
- 1 nagy édesburgonya (vagy egyszerűen burgonya), falatnyi darabokra vágva
- 1 nagy sárgarépa, falatnyi darabokra vágva
- 1 nagy fehér hagyma, karikákra vágva
- 3 nagy kaliforniai paprika (zöld, piros és sárga), apróra vágva
- 2 csésze brokkoli rózsa (helyettesíthető spárgával)
- 2 evőkanál extra szűz olívaolaj
- Só és bors ízlés szerint
- Újhagyma, finomra vágva
- Teriyaki szósz
- 1 csésze víz
- 3 evőkanál szójaszósz
- 1 evőkanál fokhagyma, darált
- 3 evőkanál barna cukor
- 2 evőkanál tiszta méz

- 2 evőkanál kukoricakeményítő (3 evőkanál vízben feloldva)
- ½ evőkanál pirított szezámmag

Útvonal:

a) Egy kis serpenyőben, lassú tűzön habosítsa fel a szójaszószt, a gyömbért, a fokhagymát, a cukrot, a mézet és a vizet. Folyamatosan keverjük, amíg a keverék lassan felforr. Keverje hozzá a kukoricakeményítős vizet, és várja meg, amíg a keverék besűrűsödik. Adjuk hozzá a szezámmagot, és tegyük félre.

b) Egy nagy tepsit kikenünk sótlan vajjal vagy főzőspray-vel. Melegítsük elő a sütőt 400 F-ra.

c) Egy nagy tálba öntjük az összes zöldséget, és meglocsoljuk olívaolajjal. Jól keverjük össze, amíg a zöldségeket jól bevonja az olaj. Frissen tört borssal és egy kis sóval ízesítjük. Tegye át a zöldségeket a tepsibe. Szétszórjuk a zöldségeket az oldalára, és hagyjunk egy kis helyet a tepsi közepén.

d) Helyezze a lazacot a tepsi közepére. A teriyaki szósz 2/3-át a zöldségekhez és a lazachoz öntjük.
e) A lazacot 15-20 percig sütjük.
f) Tegye át a sült lazacot és a sült zöldségeket egy szép tálra. Felöntjük a maradék teriyaki szósszal, és apróra vágott újhagymával díszítjük.

74. Ázsiai stílusú lazac tésztával

Adagok: 4 adag

Hozzávalók

Lazac

- 4 lazacfilé, bőrét eltávolítjuk
- 2 evőkanál pörkölt szezámolaj
- 2 evőkanál tiszta méz
- 3 evőkanál világos szójaszósz
- 2 evőkanál fehér ecet
- 2 evőkanál fokhagyma, darált
- 2 evőkanál friss gyömbér, reszelve
- 1 teáskanál pirított szezámmag
- Díszítésnek apróra vágott újhagyma

Rizstészta

- 1 csomag ázsiai rizstészta

Szósz

- 2 evőkanál halszósz
- 3 evőkanál limelé, frissen facsart
- Chili pehely

Útvonal:

a) A lazac páchoz keverje össze a szezámolajat, a szójaszószt, az ecetet, a mézet, a darált fokhagymát és a szezámmagot. Öntsük a lazacba, és hagyjuk pácolódni a halat 10-15 percig.
b) A lazacot olívaolajjal enyhén kikent tepsibe tesszük. Főzzük 10-15 percig 420 F-on.
c) Amíg a lazac a sütőben van, főzzük meg a rizstésztát a csomagoláson található utasítások szerint. Jól csepegtessük le, és tegyük át az egyes edényekbe.
d) Keverjük össze a halszószt, a lime levét és a chili pelyhet, és öntsük a rizstésztához.
e) Minden tésztatál tetejére frissen sült lazacfilét teszünk. Díszítsük újhagymával és szezámmaggal.

75. Buggyantott lazac paradicsomos fokhagymalevesben

4-et szolgál ki

Hozzávalók

- 8 gerezd fokhagyma
- medvehagyma
- teáskanál extra szűz olívaolaj
- 5 érett paradicsom
- 1 1/2 csésze száraz fehérbor
- 1 csésze víz
- 8 ág kakukkfű 1/4 teáskanál tengeri só
- 1/4 teáskanál friss fekete bors
- 4 Copper River Sockeye lazac filé fehér szarvasgomba olaj (opcionális)

Útvonalak

a) Hámozza meg és vágja durvára a fokhagyma gerezdeket és a medvehagymát. Egy nagy serpenyőben vagy fedővel megpirítjuk az olívaolajat, a fokhagymát és a medvehagymát. Közepes-alacsony lángon izzad puhára, körülbelül 3 percig.

b) Helyezze a paradicsomot, a bort, a vizet, a kakukkfüvet, a sót és a borsot a serpenyőbe, és forralja fel. Ha felforrt, mérsékeljük a lángot, és fedjük le.
c) Pároljuk 25 percig, amíg a paradicsom fel nem reped, és kiengedi a levét. Fakanállal vagy spatulával törjük péppé a paradicsomot. Fedő nélkül pároljuk további 5 percig, amíg a húsleves kissé meg nem puhul.
d) Amíg a húsleves még forr, tegyük bele a lazacot. Fedjük le, és csak 5-6 percig pirítsuk, amíg a hal könnyen pelyhesedik. Helyezze a halat egy tányérra, és tegye félre. Tegyünk egy szűrőt egy nagy tálba, és öntsük a maradék levest a szűrőbe. Szűrje le a húslevest, és dobja ki a megmaradt szilárd anyagokat. Kóstoljuk meg a levest, és ha szükséges, sózzuk, borsozzuk.
e) Az egyszerű vajas burgonyapüré vagy akár sült burgonya jó oldala ehhez az ételhez. Majd rátesszük a pirított spárgát és a buggyantott lazacot.

f) A leszűrt húslevest öntsük a lazac köré. Adjunk hozzá egy csepp fehér szarvasgomba olajat, ha szükséges. Szolgál.

76. Buggyantott lazac

Hozzávalók

- Kis lazacfilé, körülbelül 6 uncia

Útvonalak

a) Tegyünk egy kis, 5-6 hüvelykes serpenyőbe körülbelül fél hüvelyk vizet, letakarva, forraljuk fel a vizet, majd lefedve tegyük bele négy percre a filét.
b) Adjon hozzá bármilyen fűszert a lazachoz vagy a vízhez.
c) A négy perc alatt a közepét főzetlenül hagyja, és nagyon lédús.
d) Hagyjuk kicsit kihűlni a filét, és másfél hüvelyk széles darabokra vágjuk.
e) Adjuk hozzá egy salátához, beleértve a salátát (bármilyen), jó paradicsomot, szép érett avokádót, lilahagymát, krutont és bármilyen ízletes öntetet.

77. Buggyantott lazac zöldfűszeres salsával

Adagok: 4 adag

Hozzávalók

- 3 csésze víz
- 4 zacskó zöld tea
- 2 nagy lazacfilé (egyenként kb. 350 gramm)
- 4 evőkanál extra szűz olívaolaj
- 3 evőkanál citromlé, frissen facsart
- 2 evőkanál petrezselyem, frissen aprítva
- 2 evőkanál bazsalikom, frissen aprítva
- 2 evőkanál oregánó, frissen aprítva
- 2 evőkanál ázsiai metélőhagyma, frissen aprítva
- 2 teáskanál kakukkfű levél
- 2 teáskanál fokhagyma, darálva

Útvonal:

a) Egy nagy fazékban felforraljuk a vizet. Adjuk hozzá a zöld tea zacskókat, majd vegyük le a tűzről.

b) Hagyja ázni a teatasakokat 3 percig. Halászd ki a teafiltereket az edényből, és forrald fel a teával felöntött vizet. Adjuk hozzá a lazacot, és csökkentsük a hőt.
c) A lazacfiléket addig sütjük, amíg a középső része átlátszatlanná válik. Főzzük a lazacot 5-8 percig, vagy amíg teljesen meg nem fő.
d) Vegye ki a lazacot az edényből, és tegye félre.
e) Turmixgépben vagy konyhai robotgépben öntse az összes frissen apróra vágott fűszernövényt, az olívaolajat és a citromlevet. Jól keverjük össze, amíg a keverék sima masszává nem válik. A tésztát sóval és borssal ízesítjük. Szükség esetén módosíthatja a fűszereket.
f) Tálaljuk a buggyantott lazacot egy nagy tálon, és öntsük rá a friss fűszerpasztát.

78. Hideg buggyantott lazac saláta

Kitermelés: 2 adag

Hozzávalók

- 1 evőkanál apróra vágott zeller
- 1 evőkanál apróra vágott sárgarépa
- 2 evőkanál durvára vágott hagyma
- 2 csésze víz
- 1 csésze fehérbor
- 1 babérlevél
- $1\frac{1}{2}$ teáskanál só
- 1 citrom; vágd félbe
- 2 szál petrezselyem
- 5 szem fekete bors
- 9 uncia középre vágott lazacfilé
- 4 csésze bébispenót; tisztítani
- 1 evőkanál citromlé
- 1 teáskanál apróra vágott citromhéj
- 2 evőkanál apróra vágott friss kapor

- 2 evőkanál apróra vágott friss petrezselyem
- ½ csésze olívaolaj
- 1½ teáskanál apróra vágott medvehagyma
- 1 só; megkóstolni
- 1 frissen őrölt fekete bors; megkóstolni

Útvonalak

a) Egy sekély serpenyőben tegyük a zellert, a sárgarépát, a hagymát, a bort, a vizet, a babérlevelet, a sót, a citromot, a petrezselymet és a szemes borsot. Forraljuk fel, mérsékeljük a lángot, és óvatosan tegyük a lazacdarabokat a forrásban lévő folyadékba, fedjük le és pároljuk 4 percig. Közben elkészítjük a pácot.

b) Egy tálban keverjük össze a citrom levét, héját, kaprot, petrezselymet, olívaolajat, medvehagymát, sót és borsot. Öntse a pácot egy nem reaktív serpenyőbe vagy edénybe, amelynek lapos alja van, és csak annyi hely van, hogy a főtt lazacot ráterítse. Most vegye ki a lazacot a serpenyőből, és tegye a pácba. 1 órát hagyjuk hűlni.

c) A spenótot egy kevés pácba dobjuk, sóval, borssal ízesítjük, és két tányérra osztjuk. Egy hasított spatula segítségével helyezze a lazacot a spenót tetejére.

79. Buggyantott lazac ragacsos rizzsel

Kitermelés: 1 adag

Hozzávalók

- 5 csésze olívaolaj
- 2 fej gyömbér; összetört
- 1 fej fokhagyma; összetört
- 1 csokor mogyoróhagyma; feldarabolt
- 4 db lazac; (6 uncia)
- 2 csésze japán rizs; párolt
- $\frac{3}{4}$ csésze Mirin
- 2 mogyoróhagyma; feldarabolt
- $\frac{1}{2}$ csésze szárított cseresznye
- $\frac{1}{2}$ csésze szárított áfonya
- 1 lap nori; összeomlott
- $\frac{1}{2}$ csésze citromlé
- $\frac{1}{2}$ csésze halalaplé
- $\frac{1}{4}$ csésze jeges bor
- $\frac{3}{4}$ csésze szőlőmagolaj

- ½ csésze levegőn szárított kukorica

Útvonalak

a) Egy serpenyőben melegítsük fel az olívaolajat 160 fokra. Adjuk hozzá az összetört gyömbért, fokhagymát és a mogyoróhagymát. Vegye le a keveréket a tűzről, és hagyja állni 2 órán át. Szűrd le.

b) A rizst megpároljuk, majd a mirinnel ízesítjük. Ha kihűlt, belekeverjük a felszeletelt, egy serpenyőben szárított mogyoróhagymát. Melegítse fel az olívaolajat 160 fokra. Adjuk hozzá az összetört gyömbért, fokhagymát és a mogyoróhagymát. Vegyük a bogyókat és a hínárt.

c) A szósz elkészítéséhez forraljuk fel a citromlevet, a hallét és a jeges bort. Vegyük le a tűzről, és keverjük hozzá a szőlőmagolajat. Sózzuk, borsozzuk.

d) A hal befőzéséhez melegítse fel az olajat körülbelül 160 fokra egy mély serpenyőben. Ízesítsük a lazacot sóval és borssal, és óvatosan merítsük bele az egész haldarabot az olajba. Körülbelül 5 percig, vagy amíg ritka-közepes nem lesz, hagyjuk finoman buggyanni.

e) Amíg a hal sül, tányérra rizssalátát teszünk, és meglocsoljuk citromszósszal. Tegye a buggyantott halat a rizssalátára, ha kész.

80. Citrusos lazac filé

4 főt szolgál ki

Hozzávalók

- ¾ kg friss lazacfilé
- 2 evőkanál Manuka ízű vagy sima méz
- 1 evőkanál frissen facsart limelé
- 1 evőkanál frissen facsart narancslé
- ½ evőkanál lime héja
- ½ evőkanál narancshéj
- ½ csipet só és bors
- ½ lime szeletelve
- ½ narancs szeletelve
- ½ marék friss kakukkfű és mikrofűszer

Útvonalak

a) Használjon körülbelül 1,5 kg-ot + friss királyi lazacfilé, bőrrel, kicsontozva.
b) Adjunk hozzá narancsot, lime-ot, mézet, sót, borsot és héjat – jól keverjük össze

c) Fél órával a főzés előtt kenje meg a filét cukros ecsettel és folyékony citrusfélékkel.
d) Vékonyra szeleteljük a narancsot és a lime-ot
e) Süssük 190 fokon 30 percig, majd ellenőrizzük, szükség lehet még 5 percre, attól függően, hogy szereted a lazacot.
f) Vegyük ki a sütőből, és szórjuk meg friss kakukkfűvel és mikrofűszerekkel

81. Lazac lasagne

4 főt szolgál ki

Hozzávalók

- 2/3 rész Tej orvvadászathoz
- 2/3 gramm főtt lasagne lapok
- 2/3 csésze friss kapor
- 2/3 csésze borsó
- 2/3 csésze parmezán
- 2/3 mozzarella golyó
- 2/3 szósz
- 2/3 zacskó bébispenót
- 2/3 csésze tejszín
- 2/3 teáskanál szerecsendió

Útvonalak

a) Először elkészítjük a bésamel- és a spenótszószokat, majd a lazacot bepirítjuk. A bésamel szószhoz egy kis serpenyőben felolvasztjuk a vajat. A lisztet elkeverjük, és folyamatosan kevergetve pár perc alatt habosra főzzük.

b) Fokozatosan adjuk hozzá a meleg tejet, folyamatos kevergetés mellett, amíg a szósz sima nem lesz. Folyamatos kevergetés mellett enyhén felforraljuk, amíg a szósz besűrűsödik. Ízlés szerint sózzuk, borsozzuk.

c) A spenótszósz elkészítéséhez vágja le és mossa meg a spenótot. Miközben a víz még mindig a levelekhez tapad, tegye a spenótot egy nagy serpenyőbe, fedje le, és óvatosan párolja, amíg a levelek meg nem fonnyadnak.

d) Lecsepegtetjük és kinyomkodjuk a felesleges vizet. A spenótot turmixgépbe vagy robotgépbe tesszük, hozzáadjuk a tejszínt és a szerecsendiót. Pároljuk össze, majd ízesítsük sóval és borssal.

e) A sütőt előmelegítjük 180 fokra. Egy nagy tepsit kivajazunk. A lazacot óvatosan pirítsd meg tejben, amíg meg nem fő, majd törd fel jó méretű darabokra. Dobja ki a tejet.

f) A tepsi alját vékonyan befedjük 1 csésze bésamel szósszal.

g) A szószra terítsünk egy réteg lasagne lapokat, majd kenjük rá egy réteg spenótszószt, és erre helyezzük egyenletesen a lazacdarabok felét. Megszórjuk egy kis apróra vágott kaporral. Adjunk hozzá még egy réteg lasagne-t, majd adjunk hozzá egy réteg bésamel szószt, és szórjuk meg borsóval, hogy durva bevonatot kapjunk.

h) Ismételje meg újra a rétegeket, így a lasagne, a spenót és a lazac, a kapor, a lasagne, a bésamel szósz, majd a borsó. Az utolsó réteg lasagne-val, majd egy vékony réteg bésamel szósszal fejezzük be. A tetejére reszelt parmezán sajtot és friss mozzarella darabokat teszünk.

i) Süssük a lasagne-t 30 percig, vagy amíg forró és

82. Teriyaki lazac filé

4 főt szolgál ki

Hozzávalók

- 140 gramm 2 x iker Regal 140 g Friss lazac adagok
- 1 csésze porcukor
- 60 ml szójaszósz
- 60 ml mirin fűszerezés
- 60 ml mirin fűszerezés
- 1 csomag bio udon tészta

Útvonalak

a) Pácoljon be 4 x 140 g Fresh Regal lazacot porcukorral, szójaszósszal, mirin szósszal, jól keverje össze mind a 3 összetevőt, és hagyja a lazacon 30 percig.

b) Forraljuk fel a vizet, adjuk hozzá a bio udon tésztát, és hagyjuk gyorsan forralni 10 percig.

c) A medvehagymát vékonyan felszeleteljük és félretesszük.

d) Főzzük a lazacfilé adagokat egy serpenyőben közepes vagy magas lángon 5 percig, majd fordítsuk egyik oldalról a másikra, és öntsük rá az esetleges szószt.

e) Ha kész a tészta, terítsük ki a tányérra, tegyük a tetejére lazacot

83. Ropogós bőrű lazac kapribogyóval

4 főt szolgál ki

Hozzávalók

- 4 friss NZ-i lazacfilé 140 g-os adag
- 200 ml prémium olívaolaj
- 160 ml fehér balzsamecet
- 2 gerezd fokhagyma zúzott
- 4 evőkanál kapribogyó apróra vágva
- 4 evőkanál petrezselyem apróra vágva
- 2 evőkanál kapor apróra vágva

Útvonalak

a) Kenjük meg a lazacfiléket 20 ml olívaolajjal, és ízesítsük sóval és borssal.

b) Tapadásmentes serpenyőben nagy lángon sütjük 5 percig, felülről lefelé és oldalra fordítva.

c) A többi hozzávalót tedd egy tálba és keverd habosra, ez az önteted, ha megfőtt a lazac, kanalazd rá az öntetet a filére, bőrös felével felfelé.

d) Körte, dió, halloumi és rakétasalátával tálaljuk

84. Lazacfilé kaviárral

4 főt szolgál ki

Hozzávalók

- 1 teáskanál Só
- 1 lime ék
- 10 mogyoróhagyma (hagyma) meghámozva
- 2 evőkanál szójaolaj (extra a fogmosáshoz)
- 250 gramm koktélparadicsom félbevágva
- 1 kis zöld chili vékonyra szeletelve
- 4 evőkanál lime lé
- 3 evőkanál halszósz
- 1 evőkanál cukor
- 1 marék koriander ágak
- 1 1/2 kg friss lazacfilé s/on b/out
- 1 üveg lazac ikra (kaviár)

- 3/4 uborka meghámozva, hosszában félbevágva, kimagozva és vékonyra szeletelve

Útvonalak

a) A sütőt 200 fokra előmelegítjük, de a felszeletelt uborkát kerámiatálban, sóval, félretesszük 30 percre, hogy bepácolódjon.

b) Tedd a mogyoróhagymát egy kis sütőedénybe, add hozzá a szójaolajat, jól keverd össze, és tedd a sütőbe 30 percre, amíg megpuhul és jól megpirul.

c) Vegyük ki a sütőből és tegyük félre kihűlni, közben a sózott uborkát bő hideg folyóvíz alatt alaposan mossuk meg, majd marékra nyomkodjuk szárazra és tegyük egy tálba.

d) A sütő grillét nagyon forróra melegítjük, a medvehagymát félbevágjuk és az uborkához adjuk.

e) Adjuk hozzá a paradicsomot, a chilit, a lime levét, a halszószt, a cukrot, a koriander ágakat és a szezámolajat, és jól keverjük össze.

f) Kóstoljuk meg – ha kell, az édesen, cukorral és lime levével módosítjuk – tegyük félre.

g) A lazacot olajozott sütőpapírra helyezzük, a tetejét megkenjük szójaolajjal, sózzuk, borsozzuk, 10 percre a grill alá helyezzük, vagy amíg meg nem pirul és enyhén megpirul.

h) Vegyük ki a sütőből, csúsztassuk egy tányérra, szórjuk meg a paradicsom-uborka keverékkel és egy kanál lazacirkával.

i) Lime szeletekkel és rizzsel tálaljuk

85. Szardella grillezett lazac steak

Kitermelés: 4 adag

Hozzávaló

- 4 lazac steak
- Petrezselyem gallyak
- Citromszeletek --- szardellavaj-----
- 6 szardella filé
- 2 evőkanál Tej
- 6 evőkanál vaj
- 1 csepp Tabasco szósz
- Bors

Útvonalak

a) A grillt előmelegítjük magas hőfokra. Olajozza meg a grillrácsot, és helyezze el az egyes steakeket, hogy biztosítsa az egyenletes hőt. Tegyünk egy kis gombóc szardellavajat (a keverék negyedét osszuk el négyfelé) minden steakre. 4 percig grillezzük.

b) Forgassuk meg a steakeket egy halszelettel, és tegyünk a vaj másik negyedét a steak közé. Grill a második oldalon 4 percig. Csökkentse a hőt, és hagyja főni további 3 percig, ha a steak vékony, kevesebbet.

c) Minden steak tetejére egy szépen elrendezett szardellavajjal tálaljuk.

d) Díszítsük petrezselyem ágakkal és citromkarikákkal.

e) Szardellavaj: Áztassuk be az összes szardellafilét tejbe. Egy tálban fakanállal krémesre pépesítjük. Az összes hozzávalót összegyúrjuk és lehűtjük.

f) 4-et szolgál ki.

86. BBQ füstben grillezett lazac

Kitermelés: 4 adag

Hozzávaló

- 1 teáskanál reszelt lime héj
- ¼ csésze limelé
- 1 evőkanál növényi olaj
- 1 teáskanál dijoni mustár
- 1 csipet bors
- 4 lazac steak, 1 hüvelyk vastag [1-1/2 font]
- ⅓ csésze Pirított szezámmag

Útvonalak

a) Sekély edényben keverje össze a lime héját és levét, olajat, mustárt és borsot; adjunk hozzá halat, és fordítsuk bevonattá. Fedjük le és pácoljuk szobahőmérsékleten 30 percig, időnként megforgatjuk.

b) Pác lefoglalása, hal eltávolítása; megszórjuk szezámmaggal. Közvetlenül kikent grillre helyezzük közepes lángon. Adjunk hozzá beáztatott faforgácsot.

c) Lefedve, félidőben megforgatva és páclével megkenve főzzük 16-20 percig, vagy addig, amíg villával tesztelve a hal könnyen felpezsdül.

87. Faszénben grillezett lazac és fekete bab

Kitermelés: 4 adag

Hozzávaló

- ½ font fekete bab; ázott
- 1 kis hagyma; apróra vágva
- 1 kis sárgarépa
- ½ zellerborda
- 2 uncia sonka; apróra vágva
- 2 Jalapeno paprika; kiszáradva és felkockázva
- 1 gerezd fokhagyma
- 1 babérlevél; -vel összekötve
- 3 szál kakukkfű
- 5 csésze Víz
- 2 gerezd fokhagyma; darált
- ½ teáskanál csípős paprika pehely
- ½ citrom; gyümölcslé

- 1 citrom; gyümölcslé
- ⅓ csésze olívaolaj
- 2 evőkanál friss bazsalikom; apróra vágva
- 24 uncia lazac steak

Útvonalak

a) Egy nagy serpenyőben keverje össze a babot, a hagymát, a sárgarépát, a zellert, a sonkát, a jalapenót, az egész gerezd fokhagymát, a babérlevelet kakukkfűvel és a vizet. Pároljuk, amíg a bab megpuhul, körülbelül 2 órán keresztül, és adjunk hozzá több vizet, ha szükséges, hogy a bab ellepje.

b) Távolítsa el a sárgarépát, a zellert, a fűszernövényeket és a fokhagymát, és csepegtesse le a maradék főzőfolyadékot. Dobd össze a babot a darált fokhagymával, csípős paprika pehellyel és ½ citrom levével. Félretesz, mellőz.

c) Amíg a bab fő, keverje össze egy egész citrom levét, olívaolajat és

bazsalikomleveleket. Ráöntjük a lazac steakekre, és 1 órára hűtőbe tesszük. A lazacot közepesen erős lángon oldalanként 4-5 percig grillezzük, percenként meglocsoljuk a pácból.
Tálaljon minden steaket egy adag babbal.

88. Petárdában grillezett alaszkai lazac

Kitermelés: 4 adag

Hozzávaló

- 4 6 oz. lazac steakek
- ¼ csésze mogyoróolaj
- 2 evőkanál szójaszósz
- 2 evőkanál balzsamecet
- 2 evőkanál apróra vágott mogyoróhagyma
- 1½ teáskanál barna cukor
- 1 gerezd fokhagyma, felaprítva
- ¾ teáskanál reszelt friss gyömbér gyökér
- ½ teáskanál piros chili pehely, vagy több
- Íz
- ½ teáskanál szezámolaj
- ⅛ teáskanál só

Útvonalak

a) Helyezze a lazac steakeket egy üvegtálba. A többi hozzávalót összekeverjük, és a lazacra öntjük.

b) Fedjük le műanyag fóliával, és pácoljuk a hűtőszekrényben 4-6 órára. Melegítse fel a grillt. Vegyük ki a lazacot a pácból, kenjük meg a grillsütőt olajjal, és helyezzük rá a lazacot.

c) Közepes lángon grillezzen vastagságonként 10 percig, a legvastagabb résznél mérve, a főzés felénél megfordítva, vagy addig, amíg villával tesztelve a hal már csak pelyhesedik.

89. Flash grillezett lazac

Kitermelés: 1 adag

Hozzávaló

- 3 uncia lazac
- 1 evőkanál olívaolaj
- ½ citrom; lé
- 1 teáskanál metélőhagyma
- 1 teáskanál petrezselyem
- 1 teáskanál Frissen őrölt bors
- 1 evőkanál szójaszósz
- 1 evőkanál juharszirup
- 4 tojássárgája
- ¼ pint halalaplé
- ¼ pint fehérbor
- 125 milliliter Dupla tejszín
- metélőhagyma
- Petrezselyem

Útvonalak

a) Vékonyra szeleteljük a lazacot, és 10-20 percre olívaolajat, juharszirupot, szójaszószt, borsot és citromlevet tartalmazó edénybe tesszük.

b) Sabayon: Habverővel felverjük a tojásokat egy bain marie fölött. Egy serpenyőben csökkentse a fehérbor és a halalaplé mennyiségét. Adjuk hozzá a keveréket a tojásfehérjéhez és verjük fel. Adjuk hozzá a tejszínt, továbbra is keverjük.

c) Helyezze a vékony lazacszeleteket a tálalótányérra, és csorgass rá egy kevés sabayont. Csak 2-3 percre helyezze a grill alá.

d) Kivesszük, és azonnal tálaljuk egy metélőhagymával és petrezselyemmel megszórva.

e)

90. Grillezett lazac és tintahal tinta tészta

Kitermelés: 1 adag

Hozzávaló

- 4 200 g; (7-8oz) darab lazacfilé
- Só, bors
- 20 ml Növényi olaj; (3/4oz)
- Olívaolaj a sütéshez
- 3 gerezd finomra vágott fokhagyma
- 3 Finomra vágott paradicsom
- 1 Finomra vágott újhagyma
- Fűszerezés
- 1 brokkoli

Útvonalak

a) Tészta: vásárolhat tintahal tinta tasakot egy jó halkereskedőtől ... vagy használhatja kedvenc tésztáját

b) Melegítsük elő a sütőt 240°C/475øF/gázjel 9-re.

c) A lazacfilé darabjait sózzuk, borsozzuk. Melegíts fel egy tapadásmentes serpenyőt, majd adj hozzá olajat. Tegye a lazacot a serpenyőbe, és süsse mindkét oldalát 30 másodpercig.

d) Tegye át a halat egy tepsibe, majd süsse 6-8 percig, amíg a hal pelyhes lesz, de a közepe még rózsaszínű lesz. Hagyjuk 2 percig pihenni.

e) Tegye a halat meleg tányérokra, és öntse rá a szószt.

f) Főzzük a brokkolit a tésztával körülbelül 5 percig.

g) Öntsünk egy kis olajat a serpenyőbe, adjuk hozzá a fokhagymát, a paradicsomot és az újhagymát. Lassú tűzön 5 percig pirítjuk, az utolsó pillanatban adjuk hozzá a brokkolit.

91. Lazac grillezett hagymával

8-10 ADAGOT KÉSZÍT

Hozzávalók

- 2 csésze keményfaforgács, vízbe áztatva
- 1 nagy oldalas tenyésztett norvég lazac (kb. 3 font), a tűcsontokat eltávolítva
- 3 csésze Smoking Sólé, vodkával
- ¾ csésze dohányzó dörzsölő
- 1 evőkanál szárított kaporfű
- 1 teáskanál hagymapor
- 2 nagy vöröshagyma, hüvelyk vastag kockákra vágva
- ¾ csésze extra szűz olívaolaj 1 csokor friss kapor
- 1 citrom 1 gerezd fokhagyma finomra reszelt héja, ledarálva
- Durva só és őrölt fekete bors

Útvonalak

a) Tegye a lazacot egy jumbo (2 gallonos) cipzárral zárható zacskóba. Ha csak 1 gallonos zacskóid vannak, vágd ketté a halat, és használj két zacskót. Adja hozzá a sóoldatot a zacskó(k)hoz, nyomja ki a levegőt, és zárja le. 3-4 órára hűtőbe tesszük.

b) Keverje össze 1 evőkanál kivételével az egészet a szárított kaporral és hagymaporral, és tegye félre. A hagymaszeleteket jeges vízbe áztatjuk. Melegítsen fel egy grillsütőt közvetett, alacsony hőfokra, körülbelül 225 iF-ra füsttel. A faforgácsot lecsepegtetjük, és a grillre helyezzük.

c) Vegye ki a lazacot a sós léből, és törölje szárazra papírtörlővel. Dobja ki a sóoldatot. A halat megkenjük 1 evőkanál olajjal, a húsos oldalát megszórjuk a benne száradt kaporral.

d) Emelje ki a hagymát a jeges vízből, és szárítsa meg. Kenjük be 1 evőkanál olajjal, és szórjuk meg a maradék 1 evőkanál dörzsöléssel. Tegye félre a halat és a hagymát 15 percre pihenni.

e) Kenje meg a grillrácsot és alaposan kenje be olajjal. Helyezze a lazacot húsával lefelé közvetlenül a tűzre, és grillezze 5 percig, amíg a felülete aranybarna nem lesz. Egy nagy hallapáttal vagy két normál spatulával fordítsa a halat bőrével lefelé, és helyezze a grillrácsra távol a tűztől. Tegye a hagymaszeleteket közvetlenül a tűz fölé.

f) Zárja le a grillsütőt, és süsse, amíg a lazac kívül szilárd, de nem száraz, a közepén pedig rugalmas lesz, körülbelül 25 percig. Ha elkészült, a nedvesség átszivárog a felületen, amikor finoman megnyomja a halat. Nyomás alatt nem szabad teljesen pelyhesedni.

g) A főzési idő alatt egyszer fordítsa meg a hagymát.

h)

92. Cédrus deszka lazac

Adagok: 6

Hozzávalók

- 1 kezeletlen cédrus deszka (körülbelül 14" x 17" x 1/2")
- 1/2 csésze olasz öntet
- 1/4 csésze apróra vágott nap-szárított paradicsom
- 1/4 csésze apróra vágott friss bazsalikom
- 1 (2-font) lazacfilé (1 hüvelyk vastag), bőrét eltávolítjuk

Útvonalak

a) Merítse be teljesen a cédrusdeszkát vízbe, és helyezzen rá egy súlyt, hogy teljesen lefedje. Áztassuk legalább 1 órát.
b) Melegítse elő a grillt közepesre-magas hőmérséklet.
c) Egy kis tálban keverjük össze az öntetet, a napot-szárított paradicsom és bazsalikom; félretesz, mellőz.

d) Távolítsa el a deszkát a vízből. Helyezze a lazacot deszkára; helyezze a grillre, és zárja le a fedelet. 10 percig grillezzük, majd megkenjük a lazacot öntetkeverékkel. Zárja le a fedőt, és grillezze még 10 percig, vagy amíg a lazac villával könnyen fel nem válik.

93. Füstölt fokhagymás lazac

4-et szolgál ki

Hozzávalók

- 1 1/2 font. lazac filé
- só és bors ízlés szerint 3 gerezd fokhagyma, darálva
- 1 szál friss kapor, apróra vágott 5 szelet citrom
- 5 szál friss kaporfű
- 2 zöldhagyma, apróra vágva

Útvonalak

a) Készítse elő a dohányzót 250°F-ra.
b) Fújjon be két nagy darab alufóliát főzőspray-vel.
c) Helyezze a lazacfilét egy darab fólia tetejére. A lazacot megszórjuk sóval, borssal, fokhagymával és apróra vágott kaporral. Rendezzünk citromszeleteket a filé tetejére, és helyezzünk minden citromszeletre egy szál kaprot. A filét megszórjuk zöldhagymával.
d) Körülbelül 45 percig füstöljük.

94. Grillezett lazac friss őszibarackkal

Adagok: 6 adag

Hozzávalók

- 6 lazac filé, 1 hüvelyk vastag
- 1 nagy konzerv szeletelt őszibarack, könnyű szirupos fajta
- 2 evőkanál fehér cukor
- 2 evőkanál világos szójaszósz
- 2 evőkanál dijoni mustár
- 2 evőkanál sótlan vaj
- 1 1 hüvelykes friss gyömbér gombóc, reszelve
- 1 evőkanál olívaolaj, extra szűz fajta
- Só és bors ízlés szerint
- Frissen vágott koriander

Útvonal:

a) A felszeletelt barackot lecsepegtetjük, és körülbelül 2 evőkanál világos szirupot tartalékolunk. Az őszibarackot falatnyi kockákra vágjuk.

b) Helyezze a lazacfilét egy nagy tepsibe.

c) Egy közepes serpenyőben adjuk hozzá a fenntartott barackszirupot, a fehér cukrot, a szójaszószt, a dijoni mustárt, a vajat, az olívaolajat és a gyömbért. Alacsony lángon keverjük tovább, amíg a keverék kissé besűrűsödik. Sózzuk, borsozzuk ízlés szerint.

d) Kapcsolja le a tüzet, és egy ecset segítségével bőségesen kenje szét a keverék egy részét a lazacfilékben.

e) A felszeletelt barackot beletesszük a serpenyőbe, és alaposan bevonjuk a mázzal. A mázas barackot ráöntjük a lazacra, és egyenletesen elosztjuk.

f) Süssük a lazacot körülbelül 10-15 percig 420 F-on. Óvatosan figyelje a lazacot, hogy az edény ne égjen meg.

g) Tálalás előtt szórjunk meg frissen vágott koriandert.

95. Füstölt lazac és krémsajt pirítósra

Adagok: 5 adag

Hozzávalók

- 8 francia bagett vagy rozskenyér szelet
- ½ csésze krémsajt, lágyítva
- 2 evőkanál fehér hagyma, vékonyra szeletelve
- 1 csésze füstölt lazac, szeletelve
- ¼ csésze vaj, sótlan fajta
- ½ teáskanál olasz fűszer
- Kaporlevél, apróra vágva
- Só és bors ízlés szerint

Útvonal:

a) Egy kis serpenyőben olvasszuk fel a vajat, és fokozatosan adjuk hozzá az olasz fűszereket. A keveréket kenjük a kenyérszeletekre.

b) Pirítsuk meg őket néhány percig kenyérpirítóval.

c) A pirított kenyérre kenjük egy kis sajtkrémet. Majd a tetejére füstölt lazacot és vékony szelet lilahagymát teszünk. Ismételje meg a folyamatot, amíg az összes pirított kenyérszeletet el nem használja.

d) Tegyük egy tálra, és díszítsük finomra vágott kaporlevéllel a tetejét.

96. Gyömbéres grillezett lazacsaláta

Kitermelés: 4 adag

Hozzávalók

- ¼ csésze zsírmentes natúr joghurt
- 2 evőkanál finomra vágott friss gyömbér
- 2 gerezd fokhagyma apróra vágva
- 2 evőkanál friss limelé
- 1 evőkanál frissen reszelt lime héj
- 1 evőkanál méz
- 1 evőkanál repceolaj
- ½ teáskanál Só
- ½ teáskanál Frissen őrölt fekete bors
- 1¼ font lazacfilé, 1 hüvelyk vastag, 4 részre vágva, bőrrel, tűcsontokkal eltávolítva
- Vízitorma és ecetes gyömbér saláta
- Lime szeletek a díszítéshez

Útvonal:

a) Egy kis tálban keverjük össze a joghurtot, a gyömbért, a fokhagymát, a lime levét, a lime héját, a mézet, az olajat, a sót és a borsot.

b) Helyezze a lazacot egy sekély üvegedénybe, és öntsön rá pácot úgy, hogy a lazacot minden oldalról bevonja. Fedjük le és pácoljuk a hűtőszekrényben 20-30 percig, egyszer-kétszer megfordítjuk.

c) Közben készíts szenet tüzet, vagy melegíts elő egy gázgrillt. (Ne használjon grillserpenyőt, a lazac megtapad.) 3. Hosszú nyelű grillkefével kenje be olajjal a grillrácsot.

d) Helyezze a lazacot bőrével felfelé a grillre. 5 percig főzzük. 2 fém spatula segítségével óvatosan fordítsa meg a lazacdarabokat, és főzze 4-6 perccel tovább, amíg a közepén átlátszatlan nem lesz. 2 spatulával távolítsa el a lazacot a grillről. Csúsztassa le a bőrt.

e) A vízitorma salátát öntettel felöntjük, és 4 tányérra osztjuk. A tetejére egy darab grillezett lazacot teszünk. Lime szeletekkel díszítjük. Azonnal tálaljuk.

97. Grillezett lazac édeskömény salátával

Kitermelés: 2 adag

Hozzávaló

- 2 db 140 g lazacfilé
- 1 hagymás édeskömény; finomra szeletelve
- ½ körte; finomra szeletelve
- Néhány darab dió
- 1 csipet zúzott kardamommag
- 1 narancs; tagolt, lé
- 1 csokor koriander; apróra vágva
- 50 gramm Light fromage frais
- 1 csipet porított fahéj
- Pehelykősó és őrölt fekete bors

Útvonal:

a) A lazacot sóval, borssal ízesítjük, és a grill alatt megsütjük.

b) A körtét keverjük össze az édeskömménnyel, és ízesítsük bőven fekete borssal, kardamommal és dióval.

c) Keverjük össze a narancslevet és -héjat a fahéjjal, és adjunk hozzá egy kevés fahéjat. Tegyünk egy halom édesköményt a tányér közepére, és a tetejére fűzzük a lazacot. Díszítsd a tányér külsejét narancssárga szeletekkel, és locsold meg a narancssárga fahéjjal.

d) Az édeskömény csökkenti az alkohol mérgező hatását a szervezetben, és jó emésztést biztosít.

98. Grillezett lazac burgonyával és vízitormával

Hozam: 6 adag

Hozzávaló

- 3 kiló Kicsi vörös vékony bőrű
- Krumpli
- 1 csésze vékonyra szeletelt vöröshagyma
- 1 csésze fűszerezett rizsecet
- Körülbelül 1/2 kilós vízitorma
- Öblítve és ropogósan
- 1 lazac filé, körülbelül 2 kiló.
- 1 evőkanál szójaszósz
- 1 evőkanál szilárdan csomagolt barna cukor
- 2 csésze éger vagy mesquite faforgács
- Vízbe áztatva
- Só

Útvonal:

a) Egy 5-6 literes serpenyőben forraljunk fel körülbelül 2 liter vizet nagy lángon; adjunk hozzá burgonyát. Fedjük le, és lassú tűzön pároljuk, amíg a burgonya megpuhul, amikor áttört, 15-20 percig. Lecsepegtetjük és lehűtjük.

b) Áztassuk be a hagymát körülbelül 15 percre hideg vízbe, hogy ellepje. Lecsepegtetjük és a hagymát rizsecettel összekeverjük. A burgonyát negyedekre vágjuk; hozzáadjuk a hagymához.

c) Vágja le a zsenge vízitorma gallyakat a szárról, majd vágjon finomra annyi szárat, hogy $\frac{1}{2}$ csésze legyen (az extrákat dobja el, vagy tartsa el más célra). Keverje össze az apróra vágott szárat egy nagy ovális tálon burgonyasalátával; fedjük le és hűtsük le. Öblítse le a lazacot és szárítsa meg. Helyezze a bőrös oldalával lefelé egy darab nehéz fóliára. Vágja le a fóliát, hogy kövesse a hal körvonalait, hagyva egy 1 hüvelykes szegélyt.

d) Préselje meg a fólia széleit, hogy illeszkedjen a hal széléhez. Keverjük össze a szójaszószt a barna cukorral, és kenjük rá a lazacfilére.

e) Helyezze a halat a grill közepére, ne parázsra vagy lángra. Fedje le a grillsütőt (nyissa ki a faszén szellőzőnyílásait), és süsse addig, amíg a hal a legvastagabb része alig átlátszatlan (tesztre vágva), 15-20 percig. Tegye át a halat a salátával ellátott tálra. Sózzuk ízlés szerint. Melegen vagy hidegen tálaljuk.

KARDHAL

99. Mandarin szezámmagos kardhal

Adagolás: 4

Hozzávaló

- 1/2 csésze friss narancslé
- 2 evőkanál szójaszósz
- 2 teáskanál szezámolaj
- 2 teáskanál reszelt friss gyömbérgyökér
- 4 (6-uncia) kardhal steakek
- 1 (11-uncia) konzerv mandarin narancs, lecsepegtetve
- 1 evőkanál szezámmag, pirítva

Útvonalak

a) Egy nagy, visszazárható műanyag tárolótáskában keverje össze a narancslevet, a szójaszószt, a szezámolajat és a gyömbért; adjunk hozzá halat, zárjuk le a zacskót, és 30 percig pácoljuk a hűtőben. Vegye ki a halat a pácból, tartsa le a pácot.

b) Melegítse elő a grillt közepesre-magas hőmérséklet.

c) Helyezze a halat egy olajozott grillrácsra. Grillezzön halat oldalanként 6-7 percig, vagy addig, amíg villával könnyen pelyhesedik.

d) Közben a fenntartott pácot egy serpenyőbe tesszük, és nagy lángon felforraljuk. Addig forraljuk, amíg csökken és besűrűsödik. Adjuk hozzá a mandarin narancsot, és öntsük a kardhalra.

e) Megszórjuk szezámmaggal és tálaljuk.

100. Fűszeres kardhal steakek

Hozzávaló

- 4 (4 oz.) kardhal steak
- 1/4 teáskanál Cayenne, kakukkfű és oregánó
- 2 evőkanál paprika
- 2 evőkanál margarin vagy vaj (olvasztott)
- 1/2 teáskanál só, bors, hagyma és fokhagyma por

Útvonalak

a) Előételhez vágja a kardhal steakeket kis csíkokra. Étkezéshez a kardhal steakeket egészben hagyjuk. Keverje össze az összes évszakot. A halat olvasztott vajba mártjuk. Mindkét oldalát bekenjük fűszerekkel. Grillre helyezzük.

b) Körülbelül 4 percig főzzük; fordítsa meg, és főzze még körülbelül 4 percig, vagy amíg a hal szilárd és pelyhes lesz. 4 adagot készít.

KÖVETKEZTETÉS

A tenger gyümölcsei egyike azon élelmiszerek nagy kereskedelmének, amelyek alapvető helyi élelmiszert biztosítanak, és számos ország gazdaságában jelentős szerepet töltenek be. A finhal és a kagyló a halak két fő osztálya, amely magában foglalja a fehér halakat, az olajban gazdag halakat, a puhatestűeket és a rákokat.

A tenger gyümölcseit különféle tápanyag-összetevők – például fehérjék, egészséges zsírok (többszörösen telítetlen zsírsavak, különösen omega-3 és omega-6), jód, D-vitamin, kalcium stb. és autoimmun betegségek.

www.ingramcontent.com/pod-product-compliance
Lightning Source LLC
Chambersburg PA
CBHW070510120526
44590CB00013B/797